仕事がデキる人の たたき台のキホン

Cobe Associe代表
田中 志
Nozomi Tanaka

アルク

はじめに

たたき台という言葉の前には、いつも「とりあえず」という枕詞がついてきます。「とりあえず、たたき台を作っておいて」という風に。

私はこの「とりあえず」をなくし、「たたき台」を最強のコミュニケーションツールとして見直したいと考えています。


そもそも、完璧な企画書や資料をはじめから作れる人はほとんどいません。

最初は完成度が低いものから始まって、いろんな人の意見やアイデアを取り込みながら、次第に完成度を高めていくことになります。

その一歩目になるのが「たたき台」です。名前の通り、「叩かれ、鍛えられる」ためにある存在です。


でも、「とりあえずだから、何でもいいんでしょ?」と思われがちなのも「たたき台」

です。たたき台は「叩かれる」存在ですが、だからといって何を作ってもいいわけではありません。

たたき台には2つあります。1つは、最終的なゴールに役立つ「叩きやすいたたき台」。もう1つは、出したはいいけれど叩かれもせず、振り向かれもせず、あっという間に葬り去られる「叩きづらいたたき台」。

この2つの違いは、**周囲を巻き込み、活発な議論を生み出すことのできる道具になり得るかどうか**です。では、どうしたら周囲を巻き込む道具になれるのか。世のなかにはアイデアの発想術や資料のきれいな整え方を指南する書籍はたくさんありますが、たたき台の活用法を伝える本に出会ったことがありません。

そこで私は、「たたき台」の真の効果と使い方についてお伝えしたいと思いました。

私はボストンコンサルティンググループ（以下、BCG）に新卒で入社し、仕事の基礎基本を学びました。BCGに入社する以前、外資系コンサルタントの仕事はスムーズに進んでいくものだと思っていました。顧客の悩みや課題を聞き、問いを立ててさまざまなデータを集めて分析したら「これだ！」という解が出てくる。あとはそれをパワーポイントの資料にまとめ上げ、大きな会議室でクライアントの経営陣に朗々とプレゼンテーションするのみ。この一連の流れをよどみなく、高い品質と精度を持ってデリバリーできるのが一流のコンサルタントだと。

しかし、入社後に体験した現実はまったく異なるものでした。参加メンバーはクライアント側もコンサル側も優秀ながら、プロジェクトは常に一進一退。現場レベルで小さな議論を重ね、あーでもないこーでもないと頭を絞り、少しずつ内容を積み上げていく。わからないことが出てきたら新しく調べ、専門家に意見をぶつけ、社内で揉みながら戦略や計画、施策のレベルにまとめ上げていく、そんなプロセスでした。

そして、こうした場面で必ず使われていたのが「たたき台」でした。

優秀なコンサルタントは口頭だけで議論をするイメージがあるかもしれませんが、BCGでは「たたき台がなければ議論は始まらない」という共通認識がありました。ですので、コンサルタントは誰もが、日々せっせとたたき台を作っていたのです。

稀に、ほとんど議論もなくゴーサインが出るたたき台もありました。「なんてラッキーな！ 優れた企画だったんだな」と横目でうらやましく思ったものです。しかし、たいていそういう企画は途中で問題が発生し、プロジェクトが頓挫したり、最初から企画を練り直す事態に陥っていました。
一方、たたき台の段階で徹底的にたたかれた企画は、その後も順調に進みました。**活発な議論によって揉まれ抜いたたたき台は、プロジェクトを成功に導く基盤がしっかりと作られていた**からだと思います。こうして私も、試行錯誤を重ねながら、議論の核になるたたき台の作り方を必死に学びました。

さて、本書の主題であるたたき台にはいろいろな意味合いがあります。私にとってのたたき台とは「他人のアタマを借りる」ための道具です。この考え方もＢＣＧで学んだことです。

ＢＣＧではよく「**アタマを借りる**」という表現を使いました。どんな天才でも認知、認識、知識、知見には限界があります。ですから、海外オフィスの専門家、クライアント側の重鎮、市場・現場に触れ続けている専門家、あらゆる人の頭脳を借りることで、コンサルティングファームは「チーム」としてより深く考えることができました。
コンサルタントが自分の専門分野ではない領域でも役目を果たせるのは、コンサルの現場でたたき台によって多くの人から意見や知恵を引き出し、チームにとっての意義ある方向性を見出せるからです。しかも、１つ１つのアイデアを一気に昇華させていく必要があるので、質の高いたたき台を短期間で量産しなくてはなりません。だからコンサルタントはたたき台作りに長けているのです。

振り返れば、本書の構想はだいぶ前からありました。まだ企画段階だった2021年春頃、「たたき台を作る人が一番えらい。なぜなら……」とSNSに投稿したことがあるのですが、思いのほかたくさんの反応が集まりました。当時、その反応を眺めつつ、仕事の現場でいかに「たたき台」が間違って使われているのかを実感しました。これでは仕事はラクにならないし、成果も乏しいものになってしまう。日本全国でたたき台がもったいない使われ方をしていると痛感したのです。

ですから、この本は「たたき台でいいから作ってみてよ」と一度でも言われたことがある、あるいは言ったことがあるすべての人に向けて書きました。その言葉にどのような期待が込められており（込めており）、何を作り（作ってもらい）、どんな風に使うべきなのか。その1つの視点を提示できればと思っています。

また、本書の執筆・編集を続けていた2022年終わりから2023年初頭にかけて、GPT－4を中心としたLLM（Large Language Model: 大規模言語モデル）や画像・動画生成系ＡＩ、さらにはChatGPTなどの個別サービスが大きく注目を浴びました。本書テーマの「たたき台」についても、「とにかくプロンプト（入力促進記号）を入れてたくさんアイデアを出してもらえばよい」「これでもう人間がたたき台を考えなくてもよくなる」と語る識者がいます。

しかし、（少なくとも現状の）ＡＩが出力するのは、事前に学習したデータを踏まえた「最もそれっぽい無難なもの」です。決して、**人間の代わりに考えに考えてくれる存在ではない**のです。ＡＩから出てきたアイデアをそのまま採用したら、みんなが横並びになります。

けれども、本書で紹介するたたき台の原理・原則や使い方を身につけて、さらにＡＩも組み合わせて活用できるなら、そのパワーは何倍にもなるでしょう。

実際に私は、たたき台の作成やそれを使った発展過程で各種のＡＩをフル活用し、作業効率や成果品質を何倍にも高めています。その具体的な手法は、また別のどこかで書けるといいなと考えています。

本書でたたき台の真の魅力を理解いただき、行動が変わるヒントになることを祈っています。よいたたき台を使って、一緒に充実した仕事の旅を始めましょう。

CONTENTS

CONTENTS

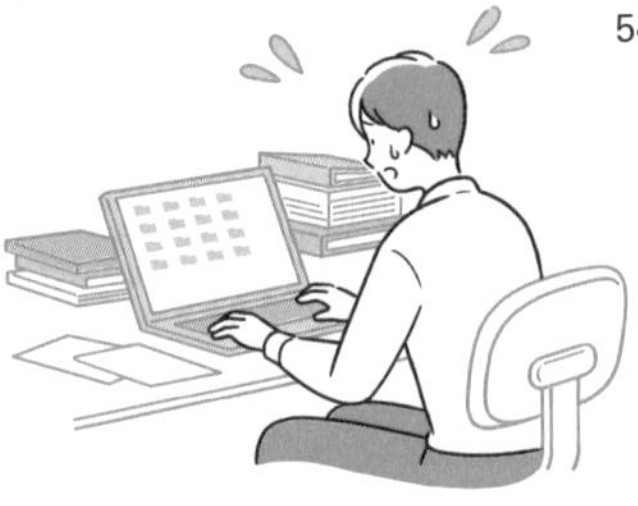

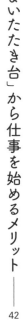

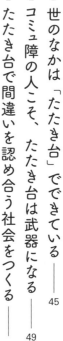

CONTENTS

第4章 たたき台で最強チームをつくる —— 173

CONTENTS

第1章

仕事をラクにする「とりあえずのたたき台」

▶**山田くん**
入社5年目。経営企画室に所属。

「一見」筋の通ったアイデアが陥るワナ

たたき台には「いいたたき台」と「悪いたたき台」があります。そして世のなかのほとんどの人は、悪いたたき台を作り続けています。まずは、その例を紹介します。

舞台は地方のあるホテル。そのホテルは売り上げが年々落ちていて、このままでは倒産するかもしれない状況です。

入社5年目の山田くんは、経営企画室の課長に「今度、経営会議でホテル再生案を出すことになったから、とりあえずたたき台を作ってくれないかな」と頼まれました。

一週間後、山田くんはデータをきちんと揃えて、パワーポイントで見栄えよくデザインした資料を課長に提出しました。

山田「課長、次の経営会議に提出する再生案として、インバウンド向けのアイデアを考えてみました」

課長「インバウンド向け。イマドキだね」

山田「僕がこれを考えたのは、海外からの観光客の推移のデータを見たからです。それがこちらになりますが、２０１２年以降は右肩上がりで急成長してるんです。これは日本政府がビザ発給要件を緩和したのが理由なんですが、政府も力を入れていて、２０３０年には６０００万人を目標にしています。15兆円規模の市場になるだろうって言われてます」

課長「それはすごいね」

山田「で、これが旅館やホテル業界の市場規模の推移なんですけど、旅館は横ばいでも、ホテルは確実に市場を拡大してるんですね。それはやっぱり、インバウンドの需要があるからだと思うんです。それで、うちのホテルの外国人観光客の数を調べてみたら、年間に平均で50人程度でした。ここをもっと増やせば売り上げが増えると思うんです」

課長「確かに」

山田「そこで、ウェブプロモーションに力を入れたほうがいいんじゃないかって思

山田くんのたたき台

外国人観光客は
右肩上がりに増えている

外国人観光客が増えた背景

- 2012年：アジア諸国にビザ発給要件緩和
- 2015年：中国にビザ発給要件緩和
- LCCやクルーズ船の増加

○○○○○○○○○○○○○○○○○○○○○○○
○○○○○○○○○○○○○○○○○○○○○○○
○○○○○○○○○○○○○○○○○○○○○○○
○○○○○○○○○○○○○○○○○○○○○○○
○○○○○○○○○○○○○○○○○○○○○○○
○○○○○○○○○○○○○○○○○○○○○○○
○○○○○○○○○○○○○○○○○○○○○○○
○○○○○○○○○○○○○○○○○

訪日外国人旅行者数・出国日本人数の推移

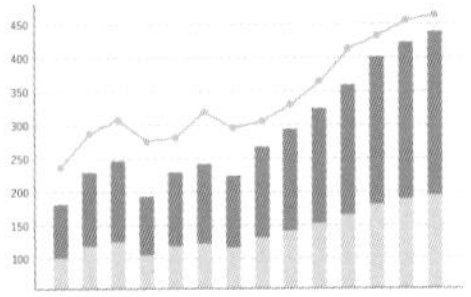

15兆円を目指す
インバウンド市場

政府は
『観光立国推進基本計画』
で目標を掲げている

★ただし、訪日外国人の宿泊客の
６割強が上位５都道府県に集中★

○○○○○○○○○○○○○○○○○○○○○○○
○○○○○○○○○○○○○○○○○○○○○○○
○○○○○○○○○○○○○○○○○○○○○○○
○○○○○○○○○○○○○○○○○○○○○○○
○○○○○○○○○○○○○○○○○○○○○○○
○○○○○○○○○○○○○○○○○○○○○○○
○○○○○○○○○○○○○○○○○○○○○○○
○○○○○○○○○○○○○○○○○

○○○○○○○○○○○○○○○○○○○○○
○○○○○○○○○○○○○○○○○○○○○
○○○○○○○○○○○○○○○○○○○○○
○○○○○○○○○○○○○○○○○○○○○
○○○○○○○○○○○○○○○○○

従来の主な目標値と現状

項目	30年目標	20年目標
旅行者数	5000万人	2500万人
旅行消費額	15兆円	100億円

いました。インバウンド向けのウェブプロモーションはどうすればいいのかを調べてみたら、外国人向けの動画を作っている企業がありまして。そこにお願いすればいいんじゃないかと」

課長「おお、いいね、カッコいい。よし、この案を役員会議にかけてみるか」

山田くんは内心ガッツポーズです。

みなさんも、多くの方が「いいたたき台」だと思ったでしょう。

ところが、役員会議で山田くんがプレゼンをすると、幹部の人たちは腕組みをして考え込んでしまいました。

役員A「ウェブプロモーションって、うちの何をアピールするの?」

山田「え? それは、館内の設備とかサービスとか……」

役員B「それって、動画で作る必要ある? ホテルのホームページを見たらいいじゃない」

山田「ま、まあ、確かに……」

役員C「そもそも、うちの地域はインバウンドで盛り上がれるような材料があるの？　外国人はうちのホテルに泊まるためだけに、わざわざ足を運んだりしないよね。外国人が喜びそうな名所とか、行事とかあるの？」

山田「えっと、それは……（課長に助け舟を求める視線を送る）」

課長「確かに、この企画はちょっと詰めが甘いかもしれませんね（山田くんの目を見ない）」

山田「ええ～……」

こうして山田くんは役員会議で集中砲火を浴びました。

そして、しどろもどろになっていると、「こんな企画じゃダメだね。別の案を考えて」と却下されてしまいました。

さらに、課長には「まあ、入社5年目じゃ、あんなもんかな。役員もああ言ってるからさ、他のを考えてよ」とハシゴを外され、山田くんは人間不信になりかけました。

現場で盛り上がったアイデアが上司の上司に否定されたり、一緒にアイデアを考えた上司には仕事を外されたり……悲しくなりますが、実際のビジネスシーンではよくあるケースではないでしょうか。

たいてい、こういう場面で原因として語られるのは、「そもそもアイデアが悪かった」「プレゼンの仕方が悪かった」「上司の能力が低かった」というものです。

しかし、それは本当の原因ではないと私は思います。本当の原因は、「たたき台の作り方が悪い」という一点に尽きます。なので、アイデアの生み方やプレゼンテーションの方法などの書籍を読んでも、あるいは転職して新しい上司についたとしても、同じようなシーンに出くわし続けることになります。

よほどの天才なら話は別ですが、**自分一人の思いつきアイデアがそのまま通るほうがむしろ不思議**で、よい結果につながることは稀です。

人は、アイデアを思いつくと、そのアイデアに引っ張られがちです。しかし、山田くんのように自分では完璧だと思っていても、冷静に考えると穴だらけ、なんてことは珍しくありません。

ですから、早い段階で他人の目や他人の意見を加えて、アイデアを進化させたほうがいいのです。それをできるのが「いいたたき台」です。

そもそも、パワーポイントで丁寧に作っている段階で、たたき台というより「完成資料」を目指したものになっています。たたき台は「不完全な完成資料」ではありません。「たたき台」と「完成資料」は、まったく違うベクトルで使われ、評価されるものです。

「人は見た目が9割」という言葉がありますが、「資料も見た目が9割」、立派なデザインで作るとアイデアまで優れているように感じます。

でも、そこに危険なワナがあり、すんなりと企画が通った後で「やっぱり、これは全然ダメ！」とひっくり返されてしまうのです。

たたき台が求められている場では、「他の誰も何も言わなかったから上出来」ではなく、むしろ**「たたかれなかったアイデアがそのまま残ってしまった（今後どこかでしっぺ返しがくるかもしれない）」**と、危険信号がともっているのだと思ったほうがいいでしょう。

ノーアイデアでもアイデアが集まりやすい「たたき台」

山田くんのケースは、私だったら次のように進めます。

田中（私）「課長、さっきの再生案について、議論のためのたたき台を作ってみました」

課長「❶早っ。今日中に持って来ると思わなかったよ……うん？ これ、❷手書きだよね」

田中「ハイ、これはとりあえずのたたき台です。まずは課長と議論をしたいなと思っていて」

課長「まあ、それならいいけど。これ、役員会議には出せないよ？」

田中「ハイ、わかってます。役員会議にはちゃんとしたプレゼン資料を出すので、資料を作る前に方向性を詰めておきたいんです」

課長「なるほどね。えーっと、ミニ祭り？　どういうこと？」

田中「うちのホテルは、これまで首都圏からの宿泊客に頼っていました。でも、これからは地域や近隣の人に使ってもらうホテルにしないと、売り上げが伸びないと思うんです。そのためにはどうすればいいのかって考えたら、やっぱりお客様との接点をもっと増やしたほうがいいんじゃないかと。そこで、毎週のように小さなイベントを開いたら、お客様との接点が増えるし、リピーターも増えるかもしれないって思ったんです。ただこのアイデア自体は正直思いつきで、❸『宿泊以外でも、地域のお客さんと何か接点が持てないかな？　そのために何ができるか』の観点で考えてもっといい考えがないかなぁと。❺私はそんなにアイデアマンではないので、いろんな指摘をもらいたいなと思っています」

課長「なるほどねえ。場所は庭と屋上、ホールも使うと。屋台を頼む……うーん、屋台を頼まなくてもうちのレストランに出店してもらえばいいんじゃない？　そのほうがうちの売り上げになるし」

田中「おお〜、そのアイデアいいですね。❹その他に、うちのホテルや関係先で、活用できるものってありますかね？」

田中のたたき台

○○ホテル再生案

●売り上げ拡大のためにやること

・今まで：首都圏からの宿泊客がメイン

・これから：地域や近隣の人の利用者を増やす

●イベント案

「＿＿＿＿＿＿＿＿ミニ祭り」

・目的：お客様との接点を増やす

・開催頻度：毎週

→ リピーターを増やす

・開催場所：庭、屋上、ホール

・屋台：＿＿＿＿＿＿＿に頼む

・開催内容：＿＿＿＿＿＿＿＿＿＿＿＿＿＿

課長「まあ、営業企画課はイベントに慣れてるから、聞いてみるといいかもね。で、祭り自体は何をするのか、考えてるの？」

田中「実は、まだそこまで考えていなくて……夏祭りやひな祭りだと、ありきたりだし」

課長「そういえば、うちの実家は農家なんだけど、東北では3月16日は『十六団子の日』っていって、農耕の神様に16個の団子を供える行事があるんだよ。各地のそういう珍しい行事をミニ祭りでやっていくのはいいかもね。商店街の和菓子屋さんとコラボして、十六団子を作ってもらうとか」

田中「おおお～、すばらしいアイデアです！　役員の方々もいろんな関係先を持っているかもしれないので、経営会議でもそのあたり問いかけてみたいですね」

課長「うん、このアイデア、おもしろいかもね。そういう方向でたたき台を練り直してみてよ」

この会話には5つのポイント「❶スピード、❷シンプル、❸刺激、❹質問力、❺隙」が出てきました。それぞれについては、次章で詳しく説明します。

さて、この章の2つのやりとりを読んで何かに気づきませんか？　山田くんの例では「たたき台を出す ↓ 良し悪しを評価 ↓ 終わり」という展開のみでしたが、田中と課長の会話では、**たたき台をきっかけに上司との間で新たなアイデア**が出ていました。さらに、経営会議では何を話したいかというポイントが明確になりました。

これが「いいたたき台」を使って仕事を進めることの効果です。自分には思いつきレベルのアイデアしかなくても、周りがそれをピカピカのアイデアに磨き上げていってくれます。そして、日々の会議・ミーティングがより充実したものになります。

私は今まで数えきれないぐらいに、たたき台でこうした体験をしてきました。

確かに、自分一人で完璧な企画を考えて提案し、すべての人を魅了し、常に説き伏せていくことができるのであれば、それは魅力的かもしれません。でも、その域に達するには何十回、何百回も提案し、却下される経験を繰り返す必要があるでしょう。それでもへこたれないメンタルの持ち主ならいいですが、できるようになる前に心が折れてしまっては元も子もありません。また、若い人ほどそれは茨の道と感じると思います。

ですから、自分一人で汗をかくのではなく、**みんなで汗をかけばいい**のだと私は思います。

会社やチームが存在するのは、そのためです。

働くことの真の楽しさは周囲との協働によって生まれると思うのです。いいたたき台があればそれを実現できます。

たたき台は あらゆる仕事のスタート地点になる

たたき台は、業界によっては「ペライチ」「草案」「試作品」「ドラフト」などと呼ばれますが、私が提案したいのは「相手のアタマを借りるためのたたき台」です。

私は何かをするとき、まずたたき台を作ります。例えば次のような場面です。

- 社内でミーティングをするとき
- 自社のホームページで公開するレポートをまとめるとき
- クライアントに仕事を依頼されて、内容を詰めていくとき
- クライアントにリサーチのレポートなどの成果物を提出する前
- クライアントの会議に参加してファシリテートするとき
- 会社案内を作るとき

特に話し合いの場では、手ぶらで参加することはあり得ません。なぜなら、たたき台がないと話が具体的にならず、まとまらずに迷走することが多いからです。

たたき台はスタート地点を「ここです」と示すための道標になります。

そこからまっすぐ進む場合もあれば、枝分かれしていくことも、スタート地点に戻ることもあります。私自身は、予想外の方向に進むときが一番ワクワクします。まだ見ぬ新しい景色が見えることになるかもしれないですからね。

まずはちょっとだけ形にしてみる

繰り返しになりますが、たたき台は「不完全な完成版」ではありません。それぞれの仕事の現場で、**他者のアタマをどのように借りたいのか、その意思を組み込んだものな**のです。

一般的に、たたき台は資料や書籍、コピーライティングなどの文書メインの仕事のほか、ウェブサイト、システム、ハードウエアなどのＩＴ系、あらゆる分野の企画開発や営業職など、多くの仕事で使われています。

例えば、ウェブサイトを作るためのたたき台であれば、それはデモサイトでなくとも構いません。文章であったり、手書きで書かれたラフイメージでも「たたき台」になり得ます。音楽であれば鼻歌で吹き込むデモテープもありますし、アニメはいきなり製作を始めるのではなく、脚本を作る前にプロットで話をすり合わせます。

完成品を作る前に、**まずはちょっとだけ形にしてみたもの**は、すべて「たたき台」と呼べます。

ほかにも、看護師や医師などの専門職、接客業、宿泊業や飲食店業などの現場では、たたき台は直接的には必要ないかもしれませんが、「病院に最新機械を導入してほしい」「店舗同士の伝達をスムーズにしたい」など、リクエストや改善を提案する機会があれば、きっとたたき台が役に立ちます。

仕事によって必要な度合いは異なっても、あらゆる仕事でたたき台を生かすことができます。

たたき台でコミュニケーションを活発にする

巷では、たたき台を作ることを嫌がる人がたくさんいます。

通常、たたき台が求められるのは**新しい思考が求められるとき**です。そのため、たたき台を出せば、まずは上司や同僚に「ここは違う」「それはおかしい」と批判されることになります。嬉しい時間ではないですが、だからこそ、「最初にたたき台を作る人は偉いんだ」という文化を醸成しようとする企業もあるでしょう。

一方、私はたたき台を作るのが大好きです。なぜなら、たたき台を作ることで自分が**議論の中心に加わり続けることができる**からです。また、たたき台を批判されたり評価されることは当たり前で、そうしたコミュニケーションを通じてアイデアを磨き上げることが「たたき台」の意義だと割り切っています。だって、「叩き」台なんですから。

最初のたたき台に載せた自分の案が採用されたら儲けもの。むしろ、そのたたき台をもとに別のアイデアを誰かが提案し、そちらが採用されたとしても、自分のたたき台があったからそのアイデアを引き出せたのだと満足してその場を締めます。

何十時間も会議をして、結論を先送りにするのは日本の企業ではよくある話です。そういうときも「今までの議論をまとめてみました。これを新たなたたき台にして、議論しませんか?」と投げかけると、さまざまな反応が出てきます。

もし「こういう結論を求めてるんじゃないんだよね」と却下されても、「どこが足りないですか?」とか、「どんなゴールだったらいいんですか?」と意見を引き出して、ゴールに向かわせることもできます。

こうして、よいたたき台を用いることで、**みんなの意見を集約したり、アイデアを広げたり、高めたり、仕事を自在にコントロールできるようになる**のです。

また、たたき台を出すと自分の考えをみんなに知ってもらえます。

今回採用されなかったとしても、「そういえば、この間、田中が出していたアイデアはあの案件で生かせるかもしれない」と次につながることがあるかもしれません。

たたき台を出してムダになることなど1つもありません。

ですから、上司から「この資料のたたき台、作っておいて」と言われたときだけではなく、自分から進んでたたき台を作るのがいいと思います。アイデアを出すとき、口頭での説明のみと、たたき台を持っていくのとでは、**相手への伝わり方**が大きく変わります。

自ら持参したたたき台を上司が受け入れるかはわかりませんが、少なくとも「課題意識を持っている」という姿勢は伝わるでしょう。

つまり、たたき台は自分のＰＲにも使うことができます。

たたき台へのありがちな誤解

こんなに便利でおもしろい「たたき台」ですが、それほど重視されていないのはなぜでしょうか？

よいたたき台を作るのが当たり前になっている業界・企業もありますが、まだまだ一部に限られていると感じます。たたき台を作る習慣がない、あったとしても悪いたたき台が広がっているほうが圧倒的に多そうです。

それには、たたき台についていくつかの誤解があるからだと思います。

誤解① アイデアがよかったら、たたき台は必要ない!?

よいアイデアを思いつくと、それに酔いしれてしまうのは「あるある」の1つです。

客観性がなくなり、画期的なアイデアだと信じ込んでしまいがちです。

例えば、ChatGPT（人工知能による文章生成サービス）が出力したコピーを見て、「これでコピーライターは不要になる！」とSNSでつぶやく人もいましたが、この誤解の典型例だと思います。

あらゆる初期の思いつきのアイデアは、冷静になってみると、どこかがおかしかったり、抜けがあるものです。夜に思いついたアイデアを翌朝、客観的に見つめてみると全然ダメだった、そんな経験がみなさんにもあるのではないでしょうか。

この章の山田くんも自分のアイデアに自信を持っていましたが、役員からの評価は散々でした。


アイデアは、自分のアタマの中にある時点では価値はありません。誰かに伝えて反応があって初めて、アイデアには価値が生まれます。

つまり、**そのアイデアがいいのかどうかは、人の反応によって決まります**。

誤解② 完成品並みに作らなければ、たたき台としての意味がない!?

こう思っている人は完璧主義かもしれません。もしくは、過去にたたき台を作って上司に提出したら、「完成した段階で持って来てよ。これじゃ判断できないよ」と言われた苦い経験があるのではないでしょうか。

そういう人に声を大にして伝えたいのは、

完成品でも、完成度が低かったら意味がない
完成度を高めるためには、他人を巻き込むための【たたき台】を使うべき
そこで使う【たたき台】は、完成品とまったく異なる形式・密度で問題ない

ということです。

たたき台はその中身を判断してもらわなければ意味がありません。キレイで読みやすく、完璧な資料にするのは何のためでしょうか。本人としては完璧に仕上げたつもりの企画書が、「これじゃ中身がないよね」と一蹴されたら、そこで終わり。

薄い中身のまま、見栄えばかりがよい資料を作るのは本末転倒です。

たたき台の段階では内容やコンテンツに焦点を合わせ、わからないところ・悩んでいるところは素直に開示し、なんなら隙を見せたほうが最終的な完成度は高くなります。

もし、上司が「完成させてから持って来て」と言ったとしても、(勇気を持って)聞き流し、「ちょっとだけ確認したいことがありまして」とたたき台を見せて意見をもらうことをおススメします。

なんでも上司に合わせる必要はありません。自分が本当に大事だと思ったことは、貫く勇気も忘れないでください。

「いや〜、はじめにこういうのを作らないと、全体像が見えないんですよねえ」などともっともらしいことを言って、**たたき台で確認してもらえる流れ**をつくりましょう。

誤解③ 完成品と異なる形式のたたき台を作るのって、二度手間では?

この誤解を持つ人には、「完成品の段階で大きな修正が入ったらもっと大きな手戻りになるよ、それでも大丈夫？」と確認したいです。

二度手間を嫌う人ほど、1つの形式にこだわるあまり、内容の検討で行きつ戻りつが発生し、手戻り（途中で問題が発見され、前の状態に戻すやり直し）が多く発生している印象があります。**手戻りは最小限**に収まるのが善です。

確かに、たたき台の段階から完璧を目指し、自分なりにすべてを完成させたうえで上司に確認してもらったほうが、一度で終わって効率的に思えるかもしれません。

ただ、それは「短期的な自分目線」であり、「相手からの目線」「完成品から逆算した長期視点」が抜け落ちています。

完成した（気になっている）ものに修正が入って、その前提から見直すことになると、修正範囲が広がり、かえって手間も時間もかかってしまいます。

プレゼン資料を30枚作った段階で全部がやり直しになるのと、手書きのたたき台の段階で内容を固め、そこから完成品を作り始めるのと、どちらが本当にラクでしょうか？

誤解④　たたき台を作るのは面倒

この誤解は、完成資料と同レベルのものを作る必要があると考えているからではないでしょうか。

たたき台は**手書きでパパッと書けばいい**のです。作業時間は一時間もかからないかもしれません。

たたき台を簡単に作るための考え方やその方法は、第2章で紹介します。

誤解⑤　たたき台は新人が作るもの

たたき台にまつわる誤解のなかで、よい仕事を阻害する最大のものの1つがこれです。よい仕事をするには、よいたたき台からチームワークを始めるべきで、必ずしも新人がそれに適した人材というわけではありません。

むしろ仕事を力強く進めていくには、**中堅やベテランがたたき台を作らなければならない**ものです。

私が所属していたコンサルティングファームでは、たたき台を作るのは新人だけの役目ではありませんでした。そこでは業界歴数十年のベテランコンサルタントも、自らたたき台を使って仕事をしていました。特に、超大企業の経営方針を検討するような重要案件では、シニアメンバーこそ積極的にたたき台作りにコミットしていました。

ベテランコンサルタントが作るたたき台を見るだけでも、当時の私にはとても勉強になりました。

「自分のやりたい仕事はこうやって進めていくものなんだ」ということが、ベテランのたたき台からよく見えてきたのです。

上司も忙しくて、部下の指導までは手が回らないことがあります。

若いうちから「自分でたたき台を作る ↓ 出す」という作業を繰り返すと、自然と仕事を覚えていくことができます。早い段階でたたき台を作り始めたほうが、仕事も早く習得することができます。

「よいたたき台」から仕事を始めるメリット

それでは、「よいたたき台」とはどのようなものでしょうか。
よいたたき台では、次のようなことができます。

- **みんなの議論が活発になる**
- **みんなからアイデアを引き出せる**
- **みんなの意見や考えが明確になる**
- **アイデアが発展する**
- **完成品の段階でのやり直しを減らせる（手戻りを最小限にできる）**

「よいたたき台を作れる人＝よいアイデアの出せる人」ではありません。自分自身はアイデアマンではない、発想力に自信がない、そんな人でもよいたたき台職人になることができます。

私は、**たたき台を作る作業に大事なのは発想力ではなく「理解力」**だと考えています。

例えば、企画の意図や相手からの要望、各種データの本質、自分自身がわかっていないこと・見えていないことを理解していないと、たたき台は的外れになります。的外れでは議論が進まないので、結果として「悪いたたき台」になってしまいます。

相手が何を考えているのかは、テレパシーでもない限り100%理解することはできません。言葉を尽くしたとしても、日によって、場によって、移ろう考えを完全に捉えることは難しいものです。「部長が言っていること、先週と違うよ……」なんて状況はよくある話。たたき台を使わずに相手の反応を引き出そうとすると、「上司はいつもこう言っているから、こう考えるはずだ」と推測や忖度になりがちです。

そのときの相手の考えを明確に、はっきりと引き出すために、たたき台は有効です。たたき台を適切に使うと、**相手がその瞬間に何を考えているかも、相手の反応もダイレクトに捉えられます。**

また、たたき台を出すと、みんなから「これだとわかりづらいな」「もうちょっと、とがった感じがいいな」というように、抽象的な意見が出てくることがあります。

そうしたざっくりした意見をくみ取って、**みんながイメージしているものに近づけていく**のがたたき台を完成品に進化させるプロセスです。

ときには何回もたたき台を作ることになるかもしれません。でも、そのプロセスを経ることによって、みんなの目指すべきゴールが1つに定まっていきます。

優れたアイデアを次々と思いつくような天才は、どのようなたたき台を作っても周囲から受け入れられるでしょうから、たたき台作成に悩むことはないかもしれません。

しかし、他人に理解してもらうことに難しさを感じたとき、あるいはもっと別の天才と出会ったときには、たたき台を用いたコミュニケーションが有効になるはずです。

なかなかアイデアを思いつけない人は、発想力やアイデア力の書籍を読んだりセミナーで学ぶのもいいですが、**たたき台を使って実践的にアイデアを集める方法を学ぶ**ほうが、アイデアの作り方を身につけられると思います。

凡人にとってのたたき台は、天才に近づくための道具になり得るのです。

世のなかは「たたき台」でできている

どんな業界でもいきなり完成品を作るのではなく、その前に試作品を作ってアイデアを試してみるのが定石です。

京都にクロスエフェクトという会社があります。3Dプリンタで試作品を作る先駆けの会社で、リモコンのような小さな製品から洗濯機のような大型製品まで、試作品を作っています。

例えば、テレビのリモコンを作るとします。完成品を作った後に「これだと手に収まりづらい」「ボタンが押しづらい」と改善点を見つけてしまったら、一から作り直すためには多大なコストがかかります。

そこで、3Dプリンタでいくつかのプロトタイプ（試作モデル）を作っておけば、「大きさはこれがいい」「ボタンはこのタイプがいい」とイメージを具体化しやすくなり、完成品に最速で近づいていくことができます。**改善点もすぐに直せるので、完成品の段階での作り直しを防ぐ**ことができます。

また、ウェブアプリにも、たたかれる前提で作られる「たたき台」があります。それはアルファ版とベータ版です。

アルファ版は、一般公開せずに身内だけに公開して動作を確認します。ベータ版は、一般公開はするものの本格リリースではないので、無料お試し版として提供することが多々あります。実際に使ったユーザーから「これでは使いづらい」「こんな機能があればいいのに」という感想をもらうと、機能を改善します。**たたかれることで製品が磨かれていく**のは、とても効率のよいプロセスです。

なかには、「アルファ版もベータ版もいらないじゃん。すぐに完成品をリリースすればいいのでは?」という人もいます。

しかし、完成品がユーザーにまったく評価されずに撃沈するリスクを取るより、たたき台の段階で「このアプリは売れないな」と撤退するほうがダメージは最小限に抑えられます。

みなさんがご存じのインスタグラムも、最初はまったく違うものでした。

インスタグラムの創業者のケビン・シストロムは、位置情報アプリ「バーブン(Burbn)」を開発しました。バーブンは「今、ここのカフェに来ているよ」と自分がいる場所を写真付きで仲間に知らせるアプリでした。

その後、シストロムは50万ドルの資金調達ができたものの、バーブンはヘビーユーザーが数名生まれた程度にしか広まらず、その他のユーザーたちはすぐに去ってしまいました。

やがてバーブンの問題点を分析することにしたシストロムは、あることに気づきます。バーブンのユーザーたちは写真を共有していたのです。

「ユーザーは位置情報を共有したいのではなく、写真を共有したいのだ」と気づいたシストロムは、写真機能に位置情報を加えた写真共有アプリを開発します。これがインスタグラムの誕生でした。

このように、最初に考えていたものとはまったく異なるものになっていくのは、ウェブの世界ではよくある話です。バーブンはいわば、インスタグラムのたたき台的存在だったといえるでしょう。

以上のように、ウェブサイトやハードウエア製品、アプリケーションであれば、たたき台になるものは比較的わかりやすいと思います。

一方で、企画やアイデアなど、形にしにくく実像を捉えきれないものになったとき、たたき台の姿は一気にぼやけていきます。しかし、「よりよくしていくことを前提とした道程の現在地がたたき台である」と位置づければ、その役割は自ずと見えてくるのではないでしょうか。

「最初のアイデア」が常に尊いわけではありません。**ユーザーの反応がわかったら、その段階から切り替えられる「柔軟性」が大切**です。

たたき台においても、最初に出したアイデアがみんなで議論するうちにまったく違うアイデアになっていくのは珍しくありません。それでも、最初にたたき台があるからこそ、アイデアは広がりをみせることができるのです。

コミュ障の人こそ、たたき台は武器になる

みなさんは、経営コンサルタントにどんなイメージがありますか。実は、コミュ障の経営コンサルタントは少なくありません。

飲食店やクリニックなど、業界特化型の経営支援を行うコンサルタントや、企業再生を専門に行うコンサルタントは、コミュニケーション能力がずば抜けた人が多いように感じます。

でも、戦略系のコンサルティングファームの社員には陰キャラが大勢います。社員には元医師や博士号を持つ優秀な人が多いのですが、彼らはよい意味でオタク気質。入社当初は人の目を見ず、相手の反応に構わず早口で延々としゃべり続ける人もいます。しかも、前提をすっ飛ばしていきなり本題に入るので、周りは「何の話？」

と戸惑うことも少なくありません。

そうしたコミュニケーションが得意ではないコンサルタントの卵たちも、仕事が始まれば自分でたたき台を作り、それを使ってチームやクライアントとやりとりを行います。そして、たたき台を通したコミュニケーションを繰り返していくうちに、だんだんと相手が何を求めているのかを理解するようになっていくのです。


誰でも「叩かれる」のはイヤなものです。性格や振る舞いについてあれこれ言われるのはもちろん、自分がやった仕事や作った資料について、やいのやいのコメントされるのは、気持ちのいい体験とは言いがたいでしょう。

けれども、**叩かれているのはたたき台であって、自分自身ではありません**。そこを混同しないのが傷つかないコツだと思います。

それでも、世の中には意地悪を言ったり、叩くことで自分をよく見せてマウントをとる人もいますが、そんな人の意見にへこんで、たたき台を出さないほうがもったいないと思います。

ゼロイチの人

たたき台を出す人は、**何もないゼロのところに議論を生み出す「ゼロイチの人」**です。その1が話し合いを重ねるうちに10にも100にもなっていきます。その最初のきっかけをつくった人とは、一番尊いものです。

一方、たたくだけの人、無性に批評をするだけの人は何も生み出していません。フィンランドの作曲家・音楽家ジャン・シベリウスは「批評家の言うことなどに耳を傾けてはいけない。これまでに批評家の銅像など建てられた試しはないのだから」という言葉を残しています。たたき台を作って人前に出すときには、この言葉を胸に留め置いてほしいと思います。

また、他人のたたき台にアイデアを足していくこともあります。他人のたたき台は意見を言いやすいものですが、それは人の意見に上書きしているだけなので、あまりクリエイティブな行動とは言えません。

ですから、たたき台をたたくだけの人がいても、言いたいことは言わせておけばいいのです。そして、足されたアイデアをありがたくいただいてしまいましょう。

そして、先述のような人と話すのが苦手な、いわゆる「コミュ障」の人こそ、たたき台を徹底的に利用するのをおススメします。

コミュ障の人は、会議で積極的に発言するのはためらうでしょうし、上司に一対一で相談するときも緊張して思うように話せないかもしれません。

そこで「うまく話せるようになろう」と頑張るより、百聞は一見に如かず。たたき台に代わりに語ってもらいます。

たたき台を作る過程では、自分の頭のなかの言語化が進みます。**言語化され、結晶化された言葉**を使えば、たくさんの言葉を口から発さずとも、相手に伝えることができます。上司に「こんなたたき台を考えてみたんですけど、どうでしょうか?」と渡すことができれば大丈夫。自分から詳しく説明しなくても、あとはたたき台が伝えてくれます。

もし上司に「これはどういう意図で作ったの?」と聞かれたのなら、そこで初めて説明します。また、上司から聞かれそうなことにだけ答えを準備しておけば、たとえ一言二言であってもたたき台の意図は十分伝わります。

100の言葉を用意しなくても、1枚のたたき台と2~3の言葉で伝えることもできます。たたき台があれば、**コミュニケーションによる精神的な負担はぐっと減る**でしょう。

たたき台は、いわば腹話術で使うパペット人形みたいなものともいえます。しゃべるのも叩かれるのもパペット人形であり、自分自身ではないと思えたら、少し気が楽になりませんか。でも、パペット人形を使った芸に対して返ってきたよい反応はあなたのものです。よいところだけ吸収すればよいのです。

このように、相手に合わせたコミュニケーションの仕方を考えて悪戦苦闘するより、たたき台に語ってもらうほうが仕事の生産性は確実に上がります。

ですから、コミュ障の人こそ、たたき台は心強い武器になると思うのです。

たたき台で
間違いを認め合う社会をつくる

私はたたき台で世の中を変える「たたき台革命」を起こしたいと、ひそかに考えてきました。たたき台革命によって**「間違ってはいけない」と失敗を恐れる世の中を壊してしまいたい**のです。間違いを認められない社会は非常に窮屈で不寛容です。私はそんな世の中を変えたいのです。

例えば、若者は失敗や間違いを経験しながら成長していくものなのに、**大人側が間違いを受け入れられない傾向**はないでしょうか。そのため、若者は失敗を恐れて冒険しなくなり、世の中に閉塞感が漂っていると感じます。

また、ある時点では正しいと思っていたことが、時間が経つと間違っていたことに気づくのはよくあることです。そうやって修正し、改善していかないと、世の中はよりよくなっていきません。

間違っていることがわかっていても直そうとしない、思考停止の状態に疑問を持たない風潮こそ正すべきですが、残念ながら、日本ではあらゆる場面でそういう状態に陥っているように思います。

ですから、**間違いを許す精神と、間違いを恐れない精神**を、たたき台で養っていきたいのです。

新人時代の洗礼

私にも若者だった時代がありました。私は新卒でコンサルティングファームに入社したのですが、すぐに上司から厳しく鍛えられました。

最初に任された仕事は、専門家に対して行うインタビューの議事録や議事メモを書くことでした。

例えば、アメリカの医師に二時間で特定の病気について聞くとします。聞いた内容をまとめるのが私の仕事でしたが、上司から戻されたインタビューメモは、助詞の「てにをは」しか原型が残っていないぐらい、修正指示の赤字がビッシリと入っていました。

通常の議事録は聞いたことをそのままとめればいいでしょうが、コンサルティングファームで求められたのは、クライアントにとって「必要な情報」を「適切な構造」で「わかりやすく記述」するということでした。

「○○の症状に対してはAという治療を用いるのが一般的で、その病院でAの対象になる患者さんは年間△名程度です」というような、聞いた情報をただ並べると、「だからなに？　ここから何が言えるの？」と上司にダメ出しされます。

「クライアントは、市場に出そうとしている新薬が日本においてどれくらいの可能性があるのかを知りたい。だとしたら、アメリカの患者の情報が先にあるのはおかしい。『アメリカの病気は……、一方、日本との差は……である。そうであれば、我々の主張としては～～となる可能性が高い』と書くのが、あるべきメモだろ」

「えっ。最初からそう教えてくださいよ……」と泣き言を言いたいものの、そんなことは通用しない厳しい世界でした。赤字で真っ赤に染まったインタビューメモを見て心が折れそうになりながら、何度もやり直しました。

そうして3カ月も経つと、**何を書く必要があるのか**がわかるようになりました。

コンサルティングファームがそこまで新入社員に厳しくするのには2つ理由がありました。

1つは、ムダなプライドは早々にへし折ることです。

コンサルティングファームは高学歴の人を多く採用するので、ほとんどの人は学生時代に「頭がいい！」「優秀だ！」と一目置かれながら過ごしてきています。

そのため、入社当初も「自分ならすぐに仕事ができる」と自信に満ちあふれているのですが、**その思い込みがかえって仕事の習得の邪魔になる**ことがあります。早期にプライドを粉々にされる経験を通して、謙虚さを学び、成長スピードを獲得していくのです。

もう1つは、早くに失敗を経験するためです。

コンサルティングファームでは、「人はみな、間違うものだ」という前提があります。「間違いが多い＝仕事ができない」とは捉えません。むしろ**チャレンジしている人ほど間違いや失敗は多い**という共通認識があります。

間違いを恐れずに、よりよいものを作ろうとする精神を築いていくには、若手に早い段階で失敗を経験してもらうのです。

では、今の若い人たちはどうでしょうか。

「最近の若者は失敗を恐れている」と聞くことがあります。そのため、若手社員に失敗させないように指導する会社も多いようですが、それはむしろ成長を止めているような気がしてなりません。

どんなに注意していてもミスやトラブルが起こる可能性はゼロにはできません。ですから、失敗を恐れるあまりにミスやトラブルから引き離すよりも、早い段階で**失敗に対する免疫をつけておいたほうが本人のためになる**と思います。

最初の段階でたくさん間違えた人のほうが学びは多く、成長速度も上がります。さらに、**「もし失敗したらどうするか」と先読みできるようになる**ので、リカバリー力も身につきます。

以前に、『ゆるい職場　若者の不安の知られざる理由』（古屋星斗 著　中公新書）という本が話題になりました。

それによると、「もっとビシバシ鍛えて欲しい」「一度も叱られたことがない。今どきの子には厳しくしても意味ないからと親戚の子どものように扱われている」と、物足りなさを感じている若者が多いそうです。

今の若者は心が折れやすいからと失敗しないような指導法を考え、失敗しても怒らないようにしてきたのに、当の本人たちが**それでは成長できないと気づいた**ということでしょう。

そう考えると、今はたたき台で職場を変えるチャンスかもしれません。

プロトピアの精神

『WIRED』の創刊編集長ケヴィン・ケリーは「プロトピア」という概念を提唱しました。

プロトピアは「プログレス（進歩）」と「トピア（場所）」を組み合わせた言葉で、ほんのわずかであっても、「昨日よりも今日よりもよい状態」を意味します。

作り話のユートピア（理想郷）ではなく、恐怖に支配されたディストピア（暗黒世界）でもなく、人間が目指すところはプロトピアであると、ケヴィン・ケリーは語っています。私もそう思います。

ユートピアは存在しません。

しかし、たたき台を使って間違いを認め合い、それを改善していく、優しくたたき合う社会は、私たちの手でつくり上げることができます。

「失敗したら終わり」という社会ではなく、たたき台によって**もっと相互に認め合い、前進できる社会**をつくることはできるのです。

大きな目標を掲げましたが、まずは仕事をおもしろくするために、本当の「たたき台」についてお伝えします。

まずは次章から、たたき台を作る方法についてお話しします。

第2章 たたき台を作るための5つのS

▶鈴木くん
入社半年。リサーチ会社に勤務。

どんなたたき台にも通用する基本の5S

5Sとは、5つの頭文字から取りました。

①スピード：「とりあえず」でいい、まずは手を動かす
②シンプル：とにかくわかりやすく！
③刺激：みんなから反応を引き出す
④質問力：企画の意図や問題点を理解するために的確な質問をする
⑤隙：ガチガチに固めない、敢えて突っ込ませる

この本で提案するのは、どんな案件にでも通用する「鉄板のたたき台のフォーマット」ではありません。

例えば、プレゼン資料とプレスリリースでは、目的やフォーマット、関わる人、議論の形などが明らかに異なります。1つのフォーマットですべてのたたき台を表現するのは不可能であり、適切ではありません。「たたき台のフォーマットはこれだけ！」などと謳えればわかりやすいかもしれませんが、それでは不正確、不誠実になってしまうので、**「どんな状況・場面でも応用できる、たたき台の構成要素」**として提示していきます。

「クライアントに渡す会社案内のたたき台を作っておいて」と言われたとしても、「明日の会議で使う企画書のたたき台をよろしく」と頼まれたとしても、この5つのSさえ知っていれば、迷わずすぐにたたき台作成に着手できます。完成品として求められるものがパワーポイント資料でもエクセル資料でも、なんなら映像作品やウェブ制作の現場でも、この5つのSを活用できます。

さて、たたき台を作るときの悩みは、おおよそ次の3点ではないでしょうか。

- **見せ方**：どんなデザインで作ればいいのかがわからない
- **構成**：どんな内容を、どんな順番で入れればいいのかがわからない
- **コンテンツ**：どんなアイデアにすれば通るのかがわからない

私は、**この3点はたたき台の段階で正解を出す必要はない**と思います。若手の人やその仕事の経験が浅い人であればなおさらです。わからないならわからないなりに、周りのものを参考にしましょう。他人から意見をもらえるようなたたき台作りに着手すればいいのです。

悩んでいる時間がもったいないので、まずは5つのSを押さえたたたき台を作っていきます。さっそくペンを持って紙に書き始めましょう。最後に作るものがパワーポイントでもエクセルでも、**最初は紙とペンから**でいいのです。5つのS（5要素）を書き出した付箋を脇に置いておければなおいいですね。

ちなみに、パソコンやスマホを使ってもいいのですが、私は紙と鉛筆と消しゴムをおススメします。自由に速く作れるし、すぐに直せるからです。

ここからは、私（田中）がたたき台作りで悩んでいる後輩にアドバイスをするというシチュエーションでお話しします。最初の後輩は、リサーチ会社に入社して半年の新人の鈴木くんです。鈴木くんはやる気はあるけれども空回りしがちなタイプです。

鈴木「田中先輩、このあいだの、30代の共稼ぎ夫婦の新しいライフスタイルのリサーチありましたよね？　あのプレスリリースのたたき台を作るように課長に言われたんです。でも、よくわからないから、リサーチ結果を全部集計して、グラフも作って、コメントも全部載せたら50ページになっちゃって」

田中「それじゃたたき台じゃないよね？」

鈴木「課長からも怒られて……3枚ぐらいにまとめるのがたたき台だって言われたから、可能な限りフォントを小さくしてみたんですけど、3枚には収まらなくて。ちょっと見てください」

田中「ちっさ！　字がちっさ!!　こんなに小さい字だと顕微鏡がないと読めないよっ」

鈴木「やっぱりそうですよね？　じゃあ、紙のサイズを大きくするしかないか」

田中「いやいや、これを3枚に収めようとしたら、畳3枚ぐらいの大きさになるよ？」

鈴木「僕、これを作成するのに一週間もかかったんです！」

田中「一週間！　それは頑張ったねえ。じゃあ、もっとラクに作れる方法をレクチャーするね。たたき台がどういうものか、まずは基本からやってみようか」

第一のS「スピード」まずは手を動かす！

田中「たたき台は、【基本の5S】を覚えておけば、誰でもすぐに作れるよ」

鈴木「5S？」

田中「最初のSはスピード」

鈴木「これでも最速で作ったつもりなんですけど……3分で作るってことですか？」

田中「いや、それはムリ。カップ麺じゃないんだから。この資料を作るのに一週間かかったって言ってたけど、たたき台なら一日か二日で作るぐらいのスピード感が欲しいかな。プレスリリースのたたき台なら、慣れたら一時間もかからずに作れるかもしれない」

鈴木「えっ、そんなに速く？」

田中「そのために、まず形式やフォーマットは〝ありもの〟を使えばいいんだよ。プレスリリースのフォーマットはもらってるでしょ？　それをパクればいいから」

鈴木「パクるってどういうことですか？」

田中「プレスリリースはどこの企業も大体構成は同じだよね。最初に見出しがあって、リード文があって、概要があるって感じで。その構成をマネしてたたき台を作ればいいんだよ」

スピード① その日から動き始める

たたき台を作るときにはスピードが何より重要です。

仮に上司から「たたき台作っといて」と言われて、締め切りを聞くと「週明けまでによろしく」「一日か二日で作ってくれればいいかな」というような雑な返答があったとします。

「わかりました、頑張ります！」と言っておきながら間に合わないのは最悪、三流の仕事の仕方です。

次に、依頼された段階で、「たたき台は3枚ぐらいでまとめればいいですか？」「今手元にある情報だけでいいですか？」などと確認します。

一流は、依頼されたその日のうちに打ち合わせの時間を取ってもらい、「こういう感じのたたき台を出そうと思います」と提案します。そこに簡単なたたき台を持って行けば、「おっ、やる気あるな」と高評価につながります。

頭のなかだけで何日間も悩んでいても何も始まりません。依頼されたその日から、たたき台を作り始めるぐらいのスピード感が大事です。

「やり直しが必要になるかもしれない」という前提で、1本目の初動を早くします。たたき台は未完成であっていいのです。むしろ、**未完成であるからこそたたき台としての意味がある**のです。

とにかく満点をねらわず、一時間や一日で作り、上司や同僚のアドバイスをもとにすぐに作り直せば、一週間で7回はやり直せます。

忙しさや能力の問題で上司や同僚にアドバイスを求めることができないときは、AIに頼るのも一案です。例えば、一般人でも手軽に頼ることができるAIサービスのChatGPTが日本でも話題になりました。たたき台を作るときにもこのサービス上でAIを先生にして、いろんなアドバイスを求めていけばいいのです。

- 「あなたはプロの広報マンです。とあるリサーチ結果をプレスリリース形式で発表しようと考えているのですが、どのような項目をそのリリースに盛り込むべきかを考えてください」

- 「あなたはプロのマーケティングリサーチャーです。30代共稼ぎ夫婦の新しいライフスタイルのリサーチを実施したのですが、どのような分析軸でそのライフスタイルを表現すれば有効な分析ができるか、アイデアを10個考えてください」

こうして問いかけ、ＡＩから出力される結果を「たたき台のたたき台」として考え始めてみるといいでしょう（ここで挙げた例よりも、ぜひもっと優れた問いかけを考えてみてください）。

たたき台は一日にしてならず。たたかれては直し、たたかれては直しの繰り返しです。早く動き始めて、どんどんたたかれれば、そのぶん磨き上げられていきます。**動き出しから他人に意見を求めることを意識**しましょう。

スピード②　フォーマットはマネる

スピードを実現するために、たたき台のフォーマットは「ありもの」を使ってしまいます。自分で1から構成を考える必要はありません。先人の知恵を活用しましょう。ありものを活用して80点を取り、必要に応じてカスタマイズし、100点を目指せばいいのです。

ありがちなのは、「プレゼンで使う資料のたたき台を作って」と言われたら、わざわざパワーポイントで「背景に写真を入れよう」「フォントは大きめにしよう」「円グラフはセンターに入れよう」などと細部を固めようとすることです。

そこに時間をかけるより、手書きでもいいからたたき台をぶつけて、「やっぱり、今回はデータを多めに入れたいな」といった相手の反応を引き出すことが大事です。

「ありもの」は鈴木くんに教えたように、会社にあるフォーマットを使えばいいと思います。**たたき台で大切なのは形式や外見ではなく、中身**です。

たたき台は「マネる」「パクる」を多用して、資料作成の時間を節約するのがコツです。

私はコンサルティングファームで、まず先輩のフォーマットをマネるところから始めました。フォーマットには特許も著作権もないので、どんどんマネできます。また、**フォーマットのパターンを多く持っているほど、どんな案件にも対応**できてよい仕事ができると思います。

もし、会社案内のたたき台を作るミッションがあるとすれば、まずは他社の会社案内を10社ほど選び出します。

そのうえで、「このうちのどれにイメージが近いですか?」と、相手に近いイメージを選んでもらいます。これも「ありもの」を使って相手の反応を引き出しているので、たたき台を作っているようなものです。

そうしたやりとりを通して「図や写真をメインにした10ページぐらいの会社案内を作ればいい」と見当がついたら、完成品を作ってもやり直しは少なくなります。

社内にフォーマットがないなら、他の会社が出している完成品をひもといて完成品のフォーマットの参考にする、あるいはフォーマット配布サイトをみて、関連しそうなものをダウンロードして使うなど、できることはたくさんあります。動き出しに時間を使わずに、たたき台として最も重要な「意見やアイデア」を「引き出したい相手」を想像しながら、「刺激」と「質問」と「隙」をつくること。そこに集中しましょう。

またフォーマットについても先述のＡＩサービスが使えます。「○○○○のようなことを表現したい。発表資料の目次を考えて」などと依頼をしてもいいでしょう。デザインフォーマットがほしければ、画像生成や資料作成系ＡＩのサービスに頼ることもできます。

フォーマットのような**「過去何百万人も考えてきたもの・こと」については、ＡＩを通じて先人の知恵に頼る**ことを第一に考えて仕事を進めていけるといいでしょう。

第二のS「シンプル」
とにかくわかりやすく！

田中「5Sの2つめはシンプル。たたき台はとにかくわかりやすく作るのが大事」

鈴木「ハイ！」

田中「だから、たたき台は情報を入れすぎないこと。情報を入れすぎると完成品と勘違いされちゃうし、議論が生まれないこともあるんだよね。僕はいつも手書きでたたき台を作るけど、『ここに文章が入りますよ』ってところはZを書いたり、簡単な絵を描いたりしてる」

鈴木「えっ、僕、絵は苦手な人ですけど。美術はずっと2でした」

田中「うん、ヘンな自慢はしなくていいから。僕だって絵を本格的に学んだことがあるわけじゃないし、基本は線と丸しか書いてないし。誰でもできるよ（オレも美術の成績は2だったな……）」

鈴木「こんな記号みたいなたたき台で、相手にわかるんですか？」

田中「それはいい質問だね。もしかしたら、相手は鈴木くんのように初めてこういうたたき台を見る人かもしれない。だから、『ここにリード文が入ります』とか、『サマリー入ります』のように、何を書くかの注釈を入れておくと、意図していることが伝わるよ」

POINT

強調したい箇所は下線を引く。

副題を入れる。「作業効率〇〇％アップ」など。

500字くらいでサマリーを入れる。

問題意識や背景を書く。

グラフなど視覚的にわかりやすいものを入れる。

たたき台の書き方例

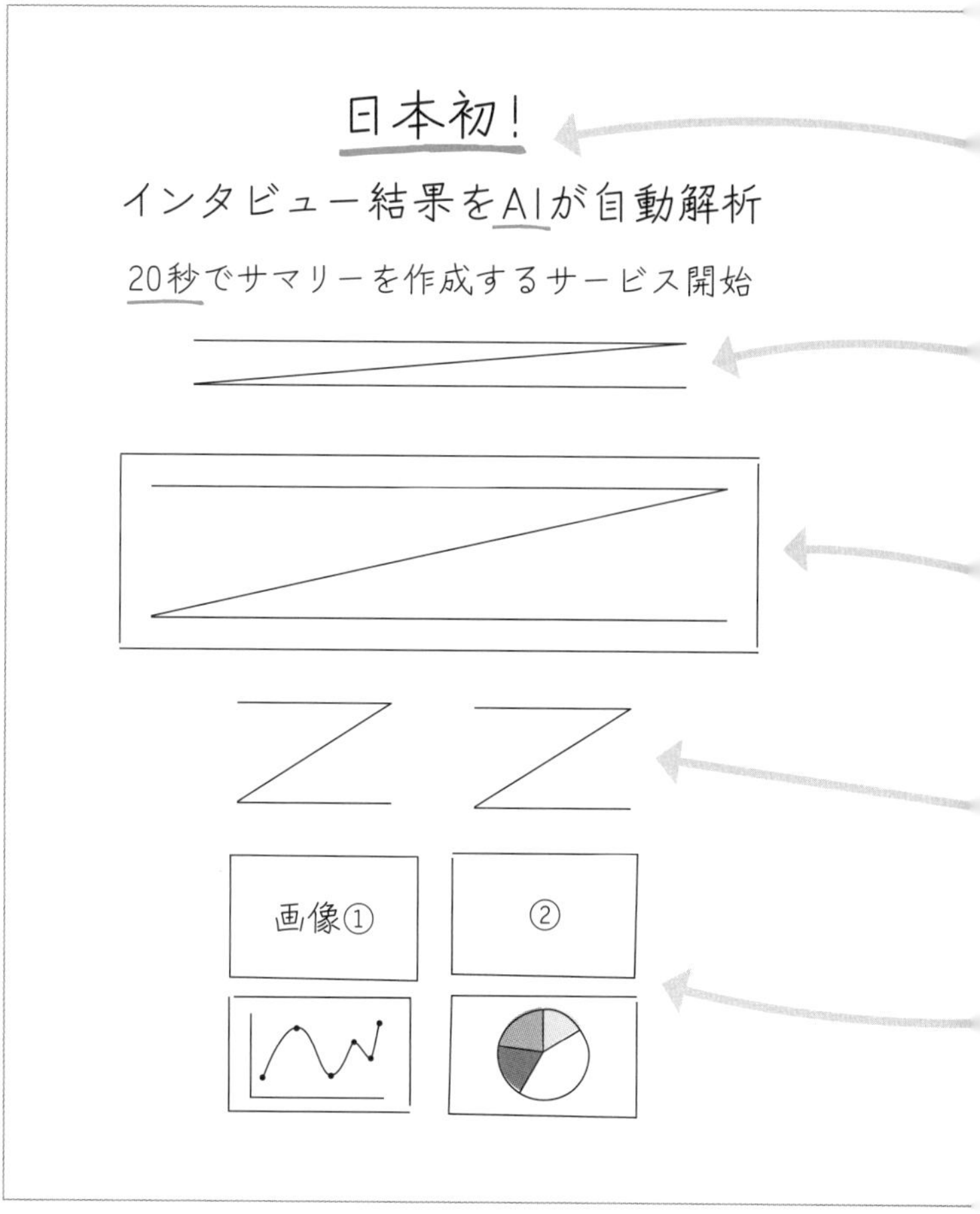
日本初!
インタビュー結果をAIが自動解析
20秒でサマリーを作成するサービス開始
画像①
②

シンプル 情報を入れすぎない

シンプルにするには、次の2点に注意します。

- **情報を入れすぎないこと**
- **デザインに凝らないこと**

たたき台に情報を入れすぎると、

- 読みにくくて時間がかかる
- 全体を把握しにくい
- 精査できない

といった理由から、本当に大事なポイントを見落としがちになります。時間が限られた会議なのに、枝葉末節にばかり指摘が集中して「あれ、こんなことを話したかったんだっけ……」「あれ、意見がほしかったところに対してフィードバックをもらえてないぞ……」となってしまうのは避けたいものです。作り手としてはどんどん情報を増やしたくなるところですが、受け手からすればただのノイズとしか認識できないものがたくさんあるのです。

例えば、あるプロジェクトのスケジュールのたたき台を作るように言われたとき。

4月○日ミーティングスタート、4月○日担当部署にヒアリング開始、4月○日中間報告、5月○日……

右のように日程と作業内容まで詳しく書いたスケジュールでは、細かすぎて情報を処理しづらくなります。

- 4月　現状把握、分析：担当部署からヒアリング、過去データの分析、アンケート作成
- 5月　顧客へのアンケート：アンケートの配布、回収、集計
- 6～7月　具体的な方法の検討：プロジェクトの方針の決定

このようにたたき台で大きな流れだけを決めておくと、「アンケートの配布はもっと早くからできるんじゃない？」「他の部署のスケジュールも入れたほうが、全体的な流れが把握できるかな」などと他の人からも意見が出やすくなります。

また、たたき台にはイラストや図をムリに入れる必要はなく、文字だけのたたき台でも相手に伝わるのであれば十分役割を果たしています。

文章を入れる場合もシンプルにします。

例えば、「30代の共稼ぎ夫婦が家事で一番減らしたいのは料理の時間」では少々長いので、「料理の時間を減らしたい30代夫婦は4割」のように、**修飾語をできるだけ削って短くする**と、意味が伝わりやすくなります。

第三のS「刺激」みんなから反応を引き出す

田中「Sの3つめは刺激。会議や話す相手に刺激を与えるってこと。このアンケートの何がメインになると思った？」

鈴木「メインですか？　僕は犬が好きなんですけど、犬を飼っている夫婦が意外と多かったところがエモかったです」

田中「えーっと、確かにそれは趣味の項目にあったけどね……。そもそも、何を知りたくてアンケートを取ろうってことになったのか、覚えてるかな」

鈴木「クライアントが、夫婦で使えるキッチングッズを開発したから、夫婦で料理をするのがいいってことを裏付けるデータが欲しい、ということでした。じゃあ……、どの家事に時間をかけているかのデータがメインになるんですかね。料理が一番長かったし」

田中「うん、いい線いってる。他に、どんなデータが使えると思う？」

鈴木「あとは、夫婦のコミュニケーションをとる時間のデータとか、家事で料理が一番分担するのが難しいとか。あーっ、でも、料理が一番したくない家事だって結果は入れないほうがいいですよね」

田中「そうとも限らない。敢えてネガティブなデータを出して、前提や常識を問い直す手もあるよ。『一番したくない家事でも、このグッズを使えば手間を減らせます！』って訴えかけることもできるんじゃない？　または、『夫婦の会話時間を増やせます！』ってポジティブさを前面に出す方法もあるし。ネガティブかポジティブか」

鈴木「どっちがいいんですか？」

田中「それを課長に決めてもらうんだよ」

刺激① 何のための刺激？

たたき台は「相手の思考に刺激を与えてナンボ」です。

相手が何も感じないたたき台は、たたき台としては0点です。なぜなら、刺激を与

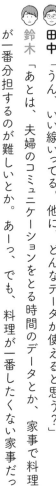

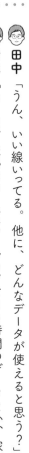

えなければ相手から意見やアイデアは引き出せず、内容が進化していかないからです。
それではたたき台を作った意味がありません。
たたき台を見たときに、批判でも共感でも賞賛でも何でもいいので、**まずは「何かを言いたくなる」ことが重要**です。そこから議論がスタートして、たたき台は発展していきます。

私はコンサルタントとしてさまざまな人と出会ってきましたが、そのなかで学んだのは「人は他人のこともよくわからないが、自分の考えはもっとわかっていない」ということでした。

みんな自分の考えがわかっているようでいて、実はわかっていない。

だから、**たたき台で刺激を与えることで、相手が何を考えているのか、何を望んでいるのかを初めて引き出せる**のです。

刺激② どんな刺激を与えるか

田中 「今の段階では、クライアントが何を求めているのかを一番知っているのは

課長だよね。鈴木くんが知らないのは、ある意味当たり前。だから、課長にどのスタンスで行くのかを決めてもらえばいいんだ」

鈴木「じゃあ、僕が正解を考えなくていいんですね」

田中「そうだね。正解なんて、そもそもあってないようなものだし」

鈴木「えっ、そうなんですか？」

田中「こっちがクライアントの好みを知ったうえでA案を提案しても、何らかの事情で却下されてB案が採用されることもある。誰にも正解はわからないんだよね。課長だって、クライアントにぶつけてみないとわからない。だから、たたき台で探りながら、その時点でのベストな答えを見つけるって感じかな」

鈴木「はあぁ、ムズイですね……」

田中「それは回数を重ねるうちに、誰でも感覚はつかめてくるものだから。いま、鈴木くんがすべきことは、課長が選びやすくすること。そのためにも、ポジティブな案かネガティブな案のどちらかを、判断する材料として与えるんだ」

コンサルタントが用いる方法の1つが、「**スタンスを取る**」というものです。

ファクトがない、どちらがいいかわからない状態でも、敢えてAかBか決めてみます。プレスリリースに入れる内容をどちらにしようか迷っているときに、「AかBか、どちらがいいですか？」と上司に聞いても「わからないよ」と返ってきたりします。

そんなときには、敢えてAでスタンスを取り、「そうするとこんな仕上りになります」という刺激をつくります。

「うん、いいじゃん」あるいは「こういうことじゃなくて、ここで大事なのはさ……」と**反応をもらうためには刺激が必要**なのです。そうした刺激を仕込んでこそ、よいたたき台となります。

たたき台の上級者が刺激を与える場合には、敢えて相手を怒らせてみるたたき台もあります。「相手が何を求めているのか、よくわからないな」というときに、相手が困るようなデータを入れたたたき台を作るのです。

すると、「こんな過去のデータを入れられちゃ困るよ！　このプロジェクトはうちでは失敗ってことになってるんだから、表に出さないでほしい」のように、相手が本音を示すことがあります。

そこでダメ出しをされても落ち込む必要はありません。「すみません、これはたたき台なので。他にも気になる点はありませんか？」と、相手の怒りはスルーしながら相手にたくさんしゃべらせます。

相手を怒らせても、最終的に出した完成品で相手の望み以上に仕上げていれば、「そうそう、こういうのが欲しかったんだよ！」と高評価を得ることができます。

なお、相手から「これはいいね」「おもしろいね」と感想をもらうのも、1つの反応ではあります。ただ、**たたき台の段階ではもっと踏み込んだ反応をもらう**のを目指したほうがいいでしょう。

「もっとよくなるアイデアはありませんか？」

「何か見逃していることはありませんか？」

などと質問すると、具体的な意見をもらえます。

ポジティブな意見でも、ネガティブな意見でも、相手から感想以上の反応をもらえたら、刺激としては大成功です。

第四のS「質問力」
的確に問いかける

田中「Sの4つめは質問力。これは刺激を与えるためにも大事なポイントなんだよ。それだけじゃなく、質問力はたたき台で一番重要なポイントだともいえる」

鈴木「質問って、課長は犬が好きですか、とか？」

田中「うん……（苦笑）、ちょっと犬から離れようか。たたき台の質問力は、作る前の段階と、作る段階と発表の段階の3つの場面で必要になるんだ」

質問力① たたき台を作る前の確認事項

鈴木くんにも話したように、たたき台を作るときの質問力は、

❶ **たたき台を作る前**
❷ **たたき台を作るとき**
❸ **たたき台を発表するとき**

の3つの場面で必要になります。

問題の本質や企画の意図、改善点や重要ポイントを理解するためにもどんどん質問をしていきましょう。もしかしたら新たな問題も発見できるかもしれません。

まずはたたき台を作る前についてです。

田中「じゃあ、これから僕が普段自分にしている質問をしていくからね。その質問に答えてもらえるかな」

鈴木「ハイ、わかりました！」

問1 **そのたたき台は、なぜ必要なのか？**

鈴木「えっと、プレスリリースのためです」

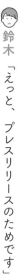

田中「そこはわかってるよね。じゃあ、プレスリリースは何のために必要なの？」

鈴木「えーっと、えーっと、企業が自社の製品やサービスを世のなかに知ってもらうためです」

田中「その通り。でも、鈴木くんが作ったたたき台は、プレスリリースにはなってないよね。アンケートのまとめになってる」

鈴木「うっ、たっ、確かに……」

田中「だから、最初にこの問いかけをするのは、意外と大事なんだ。そもそも、このプレスリリースはうちが出すものなのか、クライアントが出すものなのか、理解してるかな？」

鈴木「えっと、クライアント……？」

田中「これはうちが出すんだよ。クライアントは自社の宣伝のためにアンケートを取ったと思われたくないから、うちが独自で調査をしたっていう『体（てい）』にするんだ。それをクライアントが利用するってわけ」

鈴木「複雑すぎて、頭が混乱します……」

田中「最初はそうなるよね。社内で使うもの、社外で使うもの、クライアントの代わりに作るもの、いろんなパターンがあるんだ。それによって内容も変わるし、作り方も変わる。だから、最初に把握しておかないといけないんだ。特に新人さんは、『たたき台作って』と言われたら、こういったことを確認しないで『はい！』って言わないことが大前提だね」

問2 誰のために作るのか？

鈴木「それはもちろん、クライアントのためです……あれ？ でも、課長に見せるんだし。じゃあ、課長のため？ いや、自分がいい評価をもらうため？ あれれ？」

田中「その疑問は大事だね。誰のために作るのかによって、たたき台の中身は変わってくるんだよ。例えば、営業資料を『クライアントのため』に作るのだと考えたら、最初にクライアントが困ってそうな悩みを入れようとか、料金も入れたほうが便利だろうとか、方向性が定まってくる。逆に、『自社のため』と考えたら、自社の実績アピールばかりになるかもしれない。同じ資料であっても、ゴールが異なると内容が変わってくるんだよ」

鈴木「なるほど、スッキリしましたっ！」

田中「で、さっきの鈴木くんのクライアントのため、課長のため、自分のためは、どれも正解ではある」

鈴木「頭がこんがらがってきましたっ」

田中「つまり、『場』によって答えも変わるってこと。会社という『場』のなかでは課長のためが正解になる。市場や社会、商売っていう『場』においてはクライアントのためってことになる。自分の人生という『場』では、自分のためが正解になる」

鈴木「おお〜、いきなり人生観、来たっ」

田中「だから、短期的には課長のため、長期的には自分のためってことになるかな。忘れやすいのは市場や社会っていう社外の『場』。いまはそこまで考えられないかもしれないけど、そこが一番大事だから。案件によってはユーザーや消費者のために作ることもあるよ」

問3 たたき台を使う場で、相手から引き出したい反応とは何か？

鈴木「えーと、相手っていうのは、この場合、課長ですか？ クライアントですか？」

田中「おっ、いい質問。鈴木くんはまず課長にたたき台を見せないといけないから、いまの段階では課長になるね。でも、課長はクライアントの代弁者でもあるんだ。だから、課長はクライアントが何を求めているのかを考えながら、鈴木くんにアドバイスをしてくれる。いずれ、クライアントと直にやりとりするようになったら、『クライアントにどうしたら喜んでもらえるか』『クライアントは消費者にどんな反応を求めているのか』という感じで先の先まで考えて、たたき台を作る必要が出てくるんだ」

鈴木「先の先、ですか」

田中「それができるようになると、主語が変わってくる。いまは、『僕はこう考えました』って、自分が主語になると思うんだ。だけど、クライアントから欲しい反応を考えられるようになると、『クライアントはこういうことを望んでいると思うから、こんな情報を入れました』っていう主語になる」

鈴木「えええ〜、なんか難しそうですね……。人の気持ちがわからない僕にできるんでしょうか」

田中「そこは自覚してるんだ……。まあ、いまの鈴木くんだったら、『リリースに必要な情報を抜粋できたかどうかを確認してもらいたい』っていうのが相手から欲しい反応になるかな」

鈴木「えっ、反応ってそういうことですか？　相手を感動させて泣かせたいとかじゃなくて？」

田中「そりゃあ、映画や漫画のプロットはそこがゴールかもしれないけど。ビジネスのたたき台を見ながら感動してむせび泣いていたら、むしろ怖いよ？」

鈴木「僕はいつでも、できの悪さで相手を泣かせてますっ（笑）」

問4　反応をもらうために必要な人は誰か？

鈴木「あっ、これはわかります。必要な人は課長です」

田中「そうそう、今回はそうだね。案件によっては、複数の部署が絡んだりするんだよ。例えば、大きなプロジェクトを進める場合、参加者も多種多様になる。そうなったら、うちの部署にしかわからないたたき台ではダメ。だから、『どこの誰に情報をもらえばいいですか？』って、上司に確認しながら進めることになるんだ」

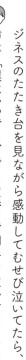

鈴木「はあ〜、参加者全員のことを意識しなくちゃいけないんですね」

田中「そうそう。自己中心的なたたき台を見せられても、みんな反応に困っちゃうしね。みんなに見てもらうためには、参加者全員がわかりやすいたたき台を作るのが基本だよ。自己チューが許されるのはスティーブ・ジョブズぐらい。といっても、彼も許されなくて、一度会社を追い出されたけどね」

問5 今ある情報で相手から反応を引き出せそうか？

鈴木「うーん、今回はアンケートで反応を引き出せばいいから、イエスかな」

田中「そうだね。これから任される案件では、リサーチが必要なものも出てくると思う。国際情勢とか市場の動向とか、競合他社の動きとかね。『あのクライアントを過去に担当した先輩に話を聞こう』っていうのもリサーチになる」

鈴木「相手から反応を引き出せる情報があるかどうかがわからない場合は、どうすればいいですか？」

田中「それは、上司や先輩に聞くのが一番早いよ。『いまあるのはこの情報だけなんですけど、これでたたき台を作れますか？』とか。僕はいまでも、『こ

の分野は初めてなんですけど、どんな情報を事前に知っておけばいいですか？』って、詳しい人に話を聞きに行くんだ。『じゃあ、過去のこの資料を読んどけ』とか教えてくれるし」

鈴木「そんなことも聞いちゃっていいんですね」

田中「立っている者は親でも使えってことわざもあるでしょ？　立っている上司や先輩は使っちゃえばいい」

鈴木「あ～、座ってるときはダメなんですね」

田中「えーっと……。次いこうか」

問6　どんなフォーマットを使うか？

鈴木「えっ。ここでフォーマットについて考えるんですか？　最初じゃなくて？」

田中「うん、『どんなフォーマットを使うか』から入りたくなるけど、たたき台の一番大事なポイントはフォーマットに従うことより、よい反応を引き出すこと。だから、一番大事な質問を先に考えるべき。フォーマットは最後に考えればいいんだよ」

鈴木「フォーマットは会社で使ってるものですよね」

田中「そう。企画書やプレゼン資料、プレスリリースとか、案件によって使うフォーマットは変わってくるから、たたき台もそれに合わせて作ったほうが早いってこと」

鈴木「フォーマットがない場合はどうすればいいんですか？」

田中「自由に使えるたたき台があるから、それは今度教えるね（第3章）」

質問力②　たたき台を作るときの質問

田中「……と、ここまでは、たたき台を作る前に必要な質問。ここからは、たたき台を作る最中に必要な質問の話ね。たたき台を作っている最中に、いろんな疑問点が出てくると思う」

鈴木「ハイ」

田中「今回のリリースなら、『30代の前半と後半でデータがかなり変わるけど、どうするのか？』とか、『都心と地方とではデータにばらつきがあるけど、どうすればいい？』とか。さっきのネガティブでいくか、ポジティブでいくかも疑問点になるね。それをたたき台に書き込んで、課長にぶつけるんだ」

鈴木「でも、質問を入れたら、自分がわかってないってことがバレバレじゃないですか」

田中「実際、いまの段階では何もわかってないんだから、それは隠すことではないよね。わからないから、相手に考えてもらうんだ。そのための質問なんだよ」

鈴木「はあ」

田中「鈴木くんは新人なんだから、わからないのも知らないのも当たり前。わからないのは悪いことでも何でもないんだから、相手に判断を委ねればいいんだ。むしろ、わかってないのに進めるほうが後々トラブルになりがちだから、『わからないことは自分で決めないほうがいい』と思っておいたほうがいいよ」

たたき台を作成する際には、たたき台の内容はもちろん、作成するなかで生まれた問いや質問をどんどん書き込みます。

企業のアンケート調査を依頼されたら、フォーマットをざっくりと書いてから、「どんな要素でセグメントを切る?」「個人に紐づけたほうがメッセージは打ちやすい?」「BtoBのビジネスだからペルソナは利用者と購買意思決定者で分ける?」などと、**自**

分が疑問に感じていることや思いついたことをどんどん書き込むのです。

そうすることで、たたき台を受け取った相手が「あっ、ここはね……」と反応しやすくなり、有意義な議論に発展させることができます。

難しく考える必要はありません。「どちらでいきますか？」「ターゲットはどこに絞りますか？」のような簡単な質問でもいいのです。新人なら1つでも問いを入れられれば充分だと考えてください。

質問が思いつかないときは、いわゆる**5W1H（Why：なぜ・What：何を・When：いつ・Where：どこで・Who：誰が・How：どのように）**を使うと考えやすくなります。

田中「もう1つ、たたき台を作る段階でしたほうがいいのは、コアとなる問いを立てること。実は、【問いを立てる】って言葉は辞書に載ってないんだ。最近使われるようになった表現で、問いを作るって意味で使われることが多いかな」

鈴木「なんで問いを【立てる】んですか？」

田中「ものごとの本質を見極められるようになるから。例えば、今回のたたき台を作るときに、『どんなキッチングッズだったら時短を図れるか』という問いを立てたのなら、キッチングッズに焦点を当てたデータが必要になるよね」

鈴木「ハイ」

田中「それに対して、『クライアントは何を望んでいるのか？』という問いを立ててみるとする。すると、『新製品を共稼ぎ夫婦に買ってもらいたい』という答えになる。つまり、問いの立て方によって全然違う答えになるってこと」

鈴木「おお〜、なるほど」

田中「『新製品を共稼ぎ夫婦に買ってもらいたい』というのが答えなら、それを実現させるためにアンケートをどう使えばいいのかが見えてくる」

鈴木「あ〜、犬好きが多いとかじゃなくて」

田中「じゃなくて（笑）。ライフスタイルに焦点を当てたデータを使おう、それなら共稼ぎをしている夫婦に共感してもらえる、とかね。そうやって問いを立てることで、たたき台の方向性やフォーカスポイントが見えてくるんだ」

たたき台を作る人は、**「何を考えなければいけないか、作らなければいけないか」という問いと常に向き合い、議論を重ねるなかでアップデートしていく**必要があります。

どんな問いを立てるのか、正解があるわけではありません。

ただ、いい問いを立てられるようになれば、ものごとの本質を見極められるようになり、自分のなかで情報を整理できます。

「クライアントは何を望んでいるのか？」という問いを立てたとすると、何を核にすればいいのかが明確になります。その核に合わせて情報を選べばいいので、問いを立てずに「たたき台、どうしようかな」と悩んでいるより、はるかに効率的です。

ただし、こればかりはすぐにできるようになるものではありません。経験を積むうちに何がよい問いで、何がよくない問いなのかがわかるようになってくると思います。

質問力③ たたき台を作った後

田中「たたき台を作ったら相手に見てもらうけど、そこでも質問は必要になる。着地点に向かって相手やチームを導くために問いかけるって感じだね」

鈴木「これでいいですか？ とか」

田中「そういう漠然とした質問よりは、『作っているときにここで悩んだんですが、どうしたらいいでしょうか？』のように具体的な質問のほうがいい。自分から『内容を盛り込みすぎですか？』とか『内容が薄すぎますか？』とか、気になってるところを聞いてみると、相手から反応をもらえる。たたき台に書いた質問をしてみてもいいかもしれないね」

たたき台は相手から反応を引き出してナンボなので、「何か気になるところはありますか？」と、自分から問いかけて相手のスイッチを入れるようにしましょう。

また、たたき台を作った後の質問については、次の「隙をつくる」や第4章のチームの作り方で紹介します。

第五のS「隙をつくる」
固めすぎず突っ込ませる

田中「さて、最後のSは【隙《すき》をつくる】。隙とは、完璧にビシッと仕上げるんじゃなくて、敢えて突っ込まれる余地を残しておくってこと」

鈴木「僕は余地を残しておく必要がないぐらいに、いつも突っ込まれてますっ」

田中「そんなに爽やかなドヤ顔で言われても……。まあ、新人はみんなそういうもんだからね。そうだなあ、課長から3枚でまとめてって言われても、1枚にしかならない場合もあるよね。そこでムリして3枚にするんじゃなく、1枚で出したら、『なんで1枚だけなの?』って突っ込まれるでしょ」

鈴木「ハイ」

田中「そこで、『アンケートから採用できるデータはこの3点だけだと思いました』などと伝えたら、『他のデータはどうして使えないの?』のように、議論が生まれるかもしれないね」

隙をつくる① 空欄を可視化する

敢えて突っ込む、または会議相手に突っ込んでもらう「隙」をつくるのは新人には勇気がいるかもしれませんが、相手に反応してもらうための有効な手段です。

誰でも取り組める簡単な方法に「空欄を可視化する」があります。

電車で、中学の受験問題を紹介している塾の広告を目にしたことがあるでしょうか。例題に「空欄を埋めなさい」とあると、つい真剣に考える人もいると思います。

人は空欄があると、無意識に「埋めよう」と考えます。

それを利用して、相手に考えてもらいたいときはそこを空欄にしておくのです。

例えば、「この案件で最も重要なことは何ですか？」と聞くより、「この案件で最も重要なことは□□□である」とたたき台に入れておきます。そして、「この□□□には何が入りますか？」と問いかけます。

隙と質問はとても相性がよく、自分が欲しい情報を相手からどんどん引き出せます。その威力を実感したら、隙を戦略的に使いたくなるはずです。

では、提案書を作るとします。「現状分析・課題・具体的な改善案・スケジュール・予算」の5つを入れることになっていたとしましょう。まずは、わかる項目だけを埋めていきます。

現状分析

- 会社のサービスが認知されていない
- PV数が伸び悩んでいる
- PRにコストをかけていない

「具体的な改善案」についてまだわかっていないとすれば、そこは何も入れないでおきます。

「入れない」と言いましたが、文字のダミーとして「ああああああ」とだけ入れておく方法もあります。「ここには何かが入りますが、いまはまだ決まっていません／わかりません」と相手に示すための表現になるので、これも空欄の1つといえます。

何かを入れておかないと相手から指摘されそうなら、「改善策は検討中」「改善策はこちらで考えますか？」などと書き込んでおけば、相手は何かしら反応してくれるでしょう。

次に「第四のＳ 質問力」を駆使しながら、「どういう案だったら、クライアントは喜ぶでしょうね？」「今までにこういうケースでは、どういう提案をしてましたか？」などと尋ねることで相手にも考えてもらいます。

もし、一生懸命に考えているけれどわからないか、そもそも考えられないのか、自分で埋められる情報が少ないときは、たたき台に必ず空欄を入れておきます。書かないのではなく、空欄を書くのです。**わかっていない、書けていないことを書くことが大切**です。

空欄をたくさん作って全体を見渡したら、穴あきクイズのように穴だらけになってしまっても、そこを後から誰かが埋めてくれれば資料は完成に向かいます。だから、**空欄が多いことを恐れない**でください。

すべての項目で何を入れたらいいのかがわからないこともあるでしょう。そうしたときには、「現状分析」「課題」という項目だけを入れた「たたき台のたたき台」を作って、「何を入れたらいいですか？」と上司に聞く方法もあります。

具体的に聞かれた上司は、「現状分析は、このあいだの打ち合わせで出ていたあの話を入れて……」のようにアドバイスをしてくれるはずです。

隙をつくる②「……」に語ってもらう

空欄のほかに「……」を入れるのも同じような効果があります。

「……」が入っていると「まだ完結していない」と一目で示せます。

課題

- サイトからの申し込みが少ない
- 5年前に作ったサイトをそのまま使っている
- 会社の最新の活動はニュース欄で報告しているだけ……

「……」で書き表すと、目にした側は「まだ課題があるんだな」とわかります。「など」

とつけても、まだ何かがあると表現できます。

こうした隙をつくっておくと、「他に何かありますか?」と聞くことで相手から情報を引き出しやすくなるでしょう。

たたき台の作り方も中級者レベルになってくると、わからないことの示し方が上手になります。

たたき台作りの初級者は、わからないことをわからない状態にして、周囲が手を出しやすい状態にしておくことを許される存在です。

でも、社会人5年目になっても資料作りで何度もやり直しを命じられるなら、それはたたき台で基礎を作ってこなかったことが原因だと思います。

ですから、**若手のうちは隙をつくって、わからないことを相手に表明し、多くの情報を集める経験を積んでください。**経験のなかで要領がわかってくると、たたき台の作り方も上手になっていきます。

隙をつくる③ 心理戦に勝つ

たたき台作りに慣れてきたら、たたき台を生かしてさらに成長できるかどうかの分岐点が隙のつくり方であり、心理戦の戦い方です。

たたき台を何十回も作っていると、徐々にその通し方もわかってきます。特に議論もないまま「これで進めて」と言われることが続いたら、たたき台が必要ないぐらいに相手のニーズに応えられているということかもしれません。

でも、**過信はリスク**です。たたき台作りの慣れに染まってしまわないために、敢えて隙をつくり、相手から今までにない反応を引き出してみようと心がけましょう。

例えば鈴木くんに教えたように、自分が推す案を通すためには、わざとたたき台に入れない方法もあります。

第1章でも触れましたが、何度も会議を開いても話が進まないことがあります。そういうときは、「今までの段階で決まっているのはこういうことですよね」と、敢えて「本題」を入れないたたき台を作ります。

すると、「これでは新規事業をするか、しないかの話ばかりで、顧客に求められているかどうかの話が抜けているよね」と、誰かが本題に気づくこともあります。他者の気づきを促すことができれば、そこから先は顧客中心の議論になっていくでしょう。

また、隙をつくるには注意点もあります。「コイツは何もわかってないな」「この人、ズレてるな」と相手に思われてしまうことがあるのです。たたき台に込められたメッセージをちゃんとくみ取ってくれるような相手がいないときは、実践しないほうがいい場合もあります。「場」の見極めには注意してください。

田中「と、まあ、5Sについてはこんな感じかな。今までの話を踏まえて、課長に出すたたき台を作ってみようか」

鈴木「ハイ！　フリーハンドは自信がないから、定規を使ってもいいですか？」

田中「止めはしないけど……、面倒なだけだと思うよ？　フリーハンドで書いちゃうほうが早いでしょ」

鈴木「なるほど……やってみます」

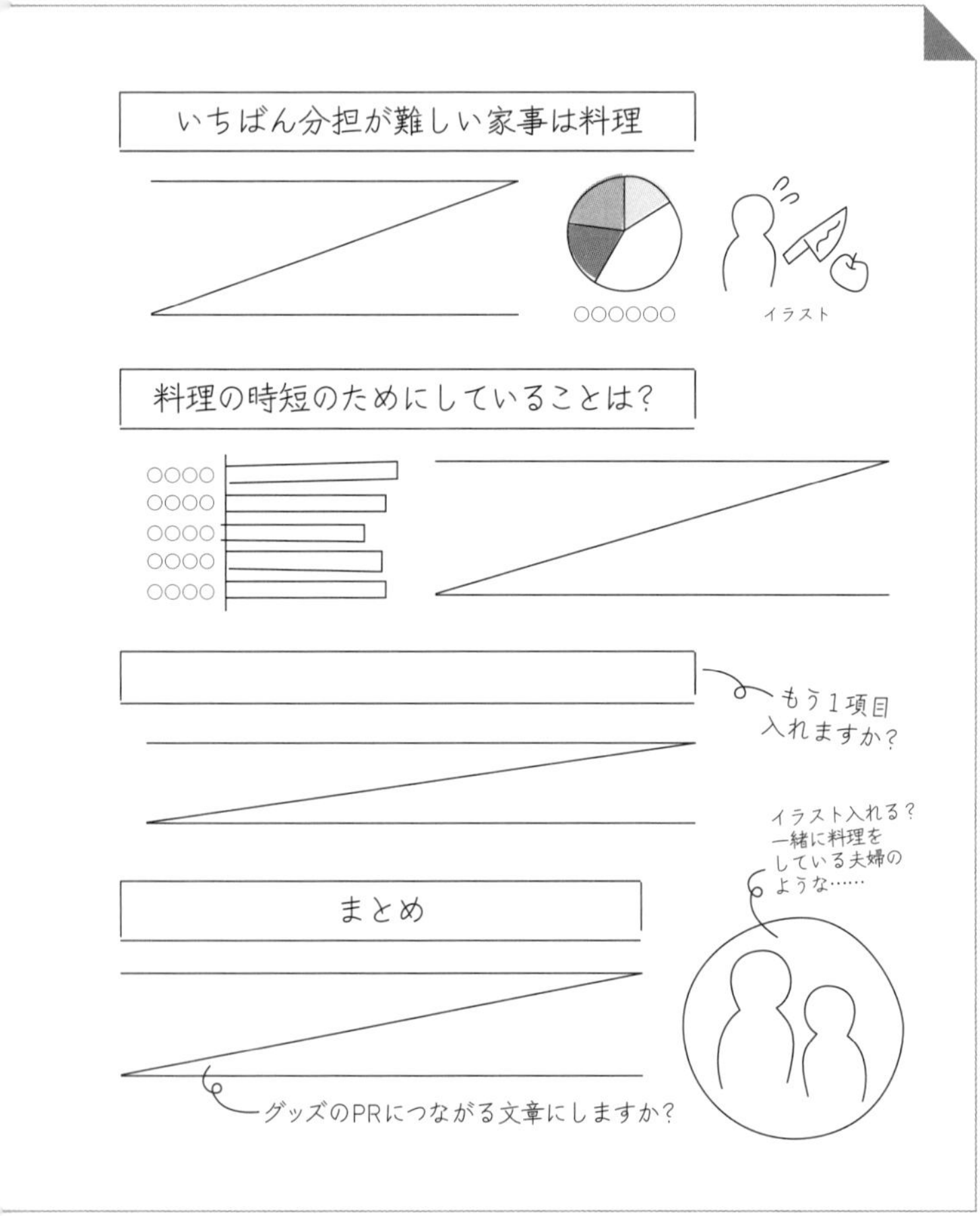
いちばん分担が難しい家事は料理
○○○○○○
イラスト
料理の時短のためにしていることは?
○○○○
○○○○
○○○○
○○○○
○○○○
もう1項目
入れますか?
イラスト入れる?
一緒に料理を
している夫婦の
ような……
まとめ
グッズのPRにつながる文章にしますか?

鈴木くんの作ったたたき台

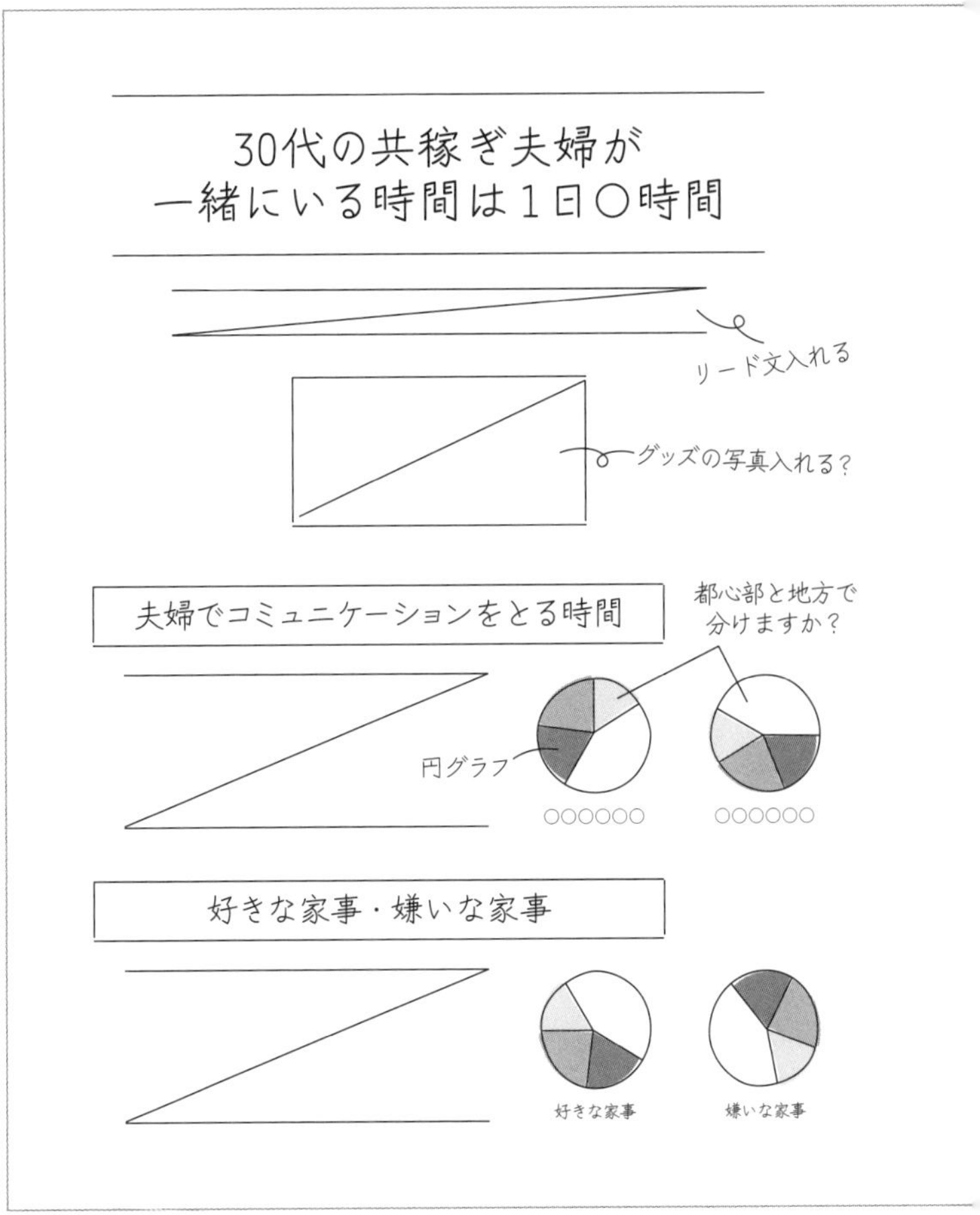

鈴木くんが作ったたたき台はこんな感じになりました。課長に提出すると、「いいたたき台ができたね」と評価してもらえたそうです。

また、課長から次のようなアドバイスをもらいました。

- 共稼ぎ夫婦が一緒にいる時間をメインに据えるのはいいアイデア。ただし、意外と多いか圧倒的に少ないかのどちらかでないとインパクトはない。
- リリースはキッチングッズの宣伝に使うのが目的。でも、リリースではあくまでも共稼ぎ夫婦の日常生活にスポットを当てたいから、グッズに関連する話は入れない。
- 都心部と地方で大きな差異はないなら、分ける必要はない。気になる点は文章で「地方の夫婦は休日も一緒に過ごす時間が都心より○時間多い」のように補足する。
- 項目数はこれぐらいがベスト。
- 料理以外の家事を入れてもいいかも？
- アンケートの個別の意見も文章に入れていく。

● すべてを円グラフにしなくても、上位3つを紹介する項目があってもいい。
● 最後のイラストのアイデアはいいね！

このアドバイスをもとに、鈴木くんは実際のプレスリリース完成品を作る作業も任されたのだとか。

たたき台の効果を実感した鈴木くんは、それ以降も率先してたたき台を作るようになりました。

どんな仕事をするにもまずは「どんなたたき台で、誰のアタマを借りようか？」そんな口グセから始めています。

第3章

アイデアをどんどん集めるたたき台の作り方

▶**林さん**
入社2年目。最近大きな仕事を任され始める。

「人のアタマ」を借りる道具、それがたたき台

たたき台の5Sをマスターしたら、次のステップに進みましょう。

ここまでお伝えしてきたように、自分のなかでアイデアが固まっていなくても、たたき台で周りの知恵を集めることでアイデアを作り上げていくことができます。つまり、**「人のアタマ」を使ってアイデアを考えてもらう**ということです。たたき台をうまく使えば、それを自然に実現できます。

人は「一人でできること」や「時間」には限りがあります。時間をかけて頑張ってアイデアをひねり出してたたき台を作るのもいいですが、それを却下され続けたら、なかなか前へ進めないでしょう。

ですから、思いつきレベルのアイデアでもたたき台を作って、それを周りにたたき上げてもらうほうが少しずつでも進んでいきます。自分の限界を知り、周りに力を貸

してもらうのはビジネスパーソンにとって大事なことです。
　この章では、「人のアタマ」を使ってたたき台でアイデアを練り上げていくコツを紹介します。
　ここで私がアドバイスをする後輩は、社会人になって一年が経った林さんです。入社してそろそろ一通りの仕事ができるようになり、さらに大きな仕事を任されるステージに入る頃です。林さんは、その段階でどうやら壁に突き当たっているようです。

田中「林さん、元気ないけど、どうしたの?」

林「田中先輩……私、この仕事が向いてないんじゃないかって思って……もう会社を辞めるしかないかなって……（涙）」

田中「落ち着いて。深呼吸しようか（汗）。何があったか、話してもらってもいいかな?」

林「私、クライアントに提案資料を出すことになったんです。初めて一人で提案資料を作ることになったんですけど、何回出しても課長に『こんなんじゃダメ、やり直し』って言われて……何がいけないのかわからないんですううう……」

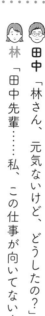

田中「わかったから、落ち着こう。ええっと、課長からは、具体的に指摘を受けてるのかな？」

林「デザインばっかりに凝っていて、内容がないって。これだと何も提案できてないって言われるんですけど、一生懸命考えて提案してるのにっ。私、やっぱり向いてないんですううう……」

田中「わかったわかった、課長はちゃんと問題点は指摘してくれてるんだね。デザインに起こす前のたたき台はある？　手書きのものでも、テキストのべた書きでもいいんだけど」

林「たたき台？　作ってませんよ。最初からパワーポイントで作り始めました」

田中「えっ？」

林「だって、もう社会人になって一年も経つから、たたき台を作る必要はないかなって」

田中「えっ？　僕はいまでもたたき台を作ってるよ。課長も確か、大事な提案先に行くときには自分でたたき台から資料作りをしているはず。部長も、なんなら常務もそうしているよ」

林「ええっ？」

たたき台を作るのは「若手の仕事」ではない

「たたき台は何年目くらいまで作ればいいんですか？」

そう聞かれたら、私は迷わず「**一生作り続ける**」と答えます。

家を建てるとき、建築家はいきなり設計図を書きません。まずはラフスケッチを描き、ラフ模型を作り、注文主と話を詰めていきます。どんなに熟練の建築家でも、最初から本物の建造物を作り始める人はいないでしょう。たたき台との関わり方は仕事の習熟度は関係なく、仕事を進めるうえで必ず必要になるステップです。

仕事を一通り覚えて慣れてくると、「たたき台を作らなくても、完成品でＯＫをもらえばいい」と思いがちです。

けれども、仕事では何が起きるかわかりません。

言っていることがコロコロ変わる上司はどこにでもいるものです。指示通りに資料を仕上げても、「あー、こういうんじゃなくてさ、オレが求めてるのは前にやった、あの企画のような感じなんだよね」などと、それまで1ミリも出てこなかった話を急に持ち出してきたりします。

完成品の段階でひっくり返されると、それまでのプロセスはなんだったんだと思うでしょう。だから、たたき台を使うのです。

たたき台はその名前の通り、**叩かれる存在**です。たたき台でたくさんひっくり返されたり、間違っていることを指摘してもらうようにします。

そもそも、どんな仕事でも、お互いの認識をすり合わせておかなければ後々トラブルのもとになります。確認は早めにしておくほうが安全なので、たたき台を出さないで仕事を進めるほうがリスクは高いと思います。

そして、たたき台は自分の成長のためにも重要なツールです。

私は、**自分自身を常にバージョンアップし続けるために**たたき台を作っています。

「自分はこの仕事を完璧にできるようになった！」と思えるような仕事はいままでもありませんし、これからもないでしょう。

成功体験や知識が増え、仕事ができるようになってくると、人は独善的になりやすいと思います。

「自分は仕事ができる。もう何も学ぶ必要はない」と思った時点で、自分の成長は止まります。現状維持で満足せず、常に上を目指すためには人の力を借りながら自分を成長させ続けるしかありません。

そのためには、たたき台が必要なのです。

どんなパワポ資料作成時でも使えるたたき台フォーマット

林「でもでもっ、作る資料のフォーマットは毎回違いますよね？　提案資料も会議のプレゼン資料も必要な要素や構成が違うし。それに合わせて毎回たたき台を作るのは面倒じゃないですか？」

田中「うーん、でも、完成品は作るのもやり直すのも時間がかかるから、余計に面倒じゃないかな。たたき台ならすぐに直せるし」

林「ううっ、ぐうの音も出ないですううう」

田中「わかったわかった、泣かないで。あのね、資料ごとのフォーマットに合わせなくても、自由にアレンジできるたたき台のフォーマットがあるんだよ」

林「えっ、ほんとですか？」

確かに、資料によってフォーマットは変わるので、それに合わせてたたき台を作るのは手間がかかります。そこで、私がたたき台を作るときにいつも使っているのは「**9マスたたき台**」です。

たたき台を作るためのステップはこれだけです。

構成はその会社で普段使っているフォーマットや、ネットで無料のテンプレートを見本にします。例えば、提案資料なら次のような構成になるでしょう。

資料の目的によって、製品やサービスのメリット・デメリットを載せたり、サービス導入後のイメージを示すなど、構成は変わります。目的に合わせてたたき台は変わることを覚えておいてください。

また、表紙や目次、会社概要などはたたき台で事前に確認しなくてもいい情報ですので、たたき台に入れなくても問題ありません。

さらに、重点的に確認したいページだけをたたき台にしてみるのもアリです。過去の成功事例についてのページを増やしたいなら、次のような具合です。

● **1ページ目**：サービスを利用して成果を上げた企業の例を2件ぐらい紹介する

● **2ページ目**：担当者のダイレクトな声を3、4例紹介するまた、9マスにこだわる必要はありません。12マスに増やしてもいいですし、資料の枚数が多いなら9マスを複数枚作っても構いません。

このように案件に応じて**柔軟に増やしたり減らしたりできる**ので、既存のフォーマットを使わなくても、どんな資料にも対応できます。

なお、私は習慣的に左から右に向かって書いていきます。それが一番見やすいレイアウトだと思っていますが、上から下に書くほうがやりやすいのなら、もちろんそれでも大丈夫です。

このたたき台を9枚に切り分けて、パラパラ漫画のようにして全体の流れを確認する方法もあります。切り分けると「このページを最初に持っていこう」「このページは後ろのほうでいいかな」と、全体的な流れを決める作業に役立ちます。

全体の流れを検討するなかでは、情報の取捨選択もできます。「入れなくていいかな」というページを抜いたり、「別の項目を入れようか」と加えたり、調整が簡単にできるのはパラパラ漫画風の利点です。

私は順番にマスを埋めていきますが、一番の肝となる「キラースライド」のマスから書いていく人もいます。書き込む順番は人それぞれ、やりやすい方法でいいのです。

こうした作業を完成品作りの段階で行おうとすれば、手間も時間もかかります。**たたき台であればすぐに変更できる**ので、思いついたことをどんどん試してみましょう。

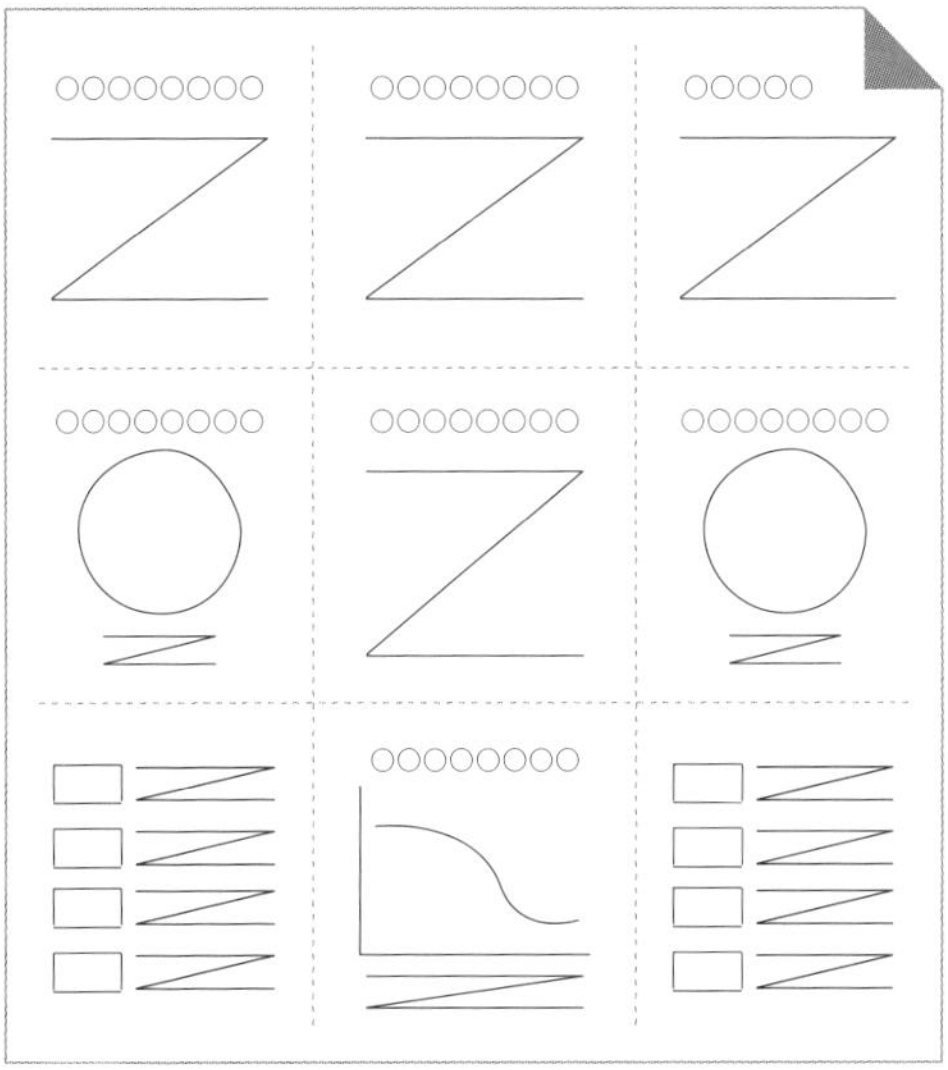

9マスたたき台
（イメージ）

議論のためなら手書きでいい、ワードでいい

コンサルティングファームで現場レベルの会議をするときには、手書きのラフなたたき台を積極的に使って話し合いをしていました。

データをわざわざスキャンしてデジタル化する時間がもったいないので、手書きの9マスたたき台を人数分コピーして配布し、そのまま議論に入る、ということがよくありました。

「パワポを使って、ちゃんとした資料に仕上げてこないと話し合えないよ」という人はほとんどいませんでした。

むしろ積極的に、「ワードに書いて議論しようよ。粗々でもいいから、それをたたき台にしてさ」という言葉が飛び交っていたのを思い出します。

付き合いの長いクライアントであれば、手書きのたたき台や、なんならホワイトボ

ード1枚での議論から始めることもありました。

最終的な納品物や幹部向け資料はきれいに仕上げるものの、最初から手の込んだものを作るのは時間のムダだよね、それよりは**必要な議論を早く進めて、課題の目線合わせをするほうがずっと生産的だ**という認識を互いに持っていたからだと思います。

もし、手書きのたたき台だけでは不十分かもしれないと思ったときは、資料のアウトライン・ストーリーライン（概要）をワードで作成して添付することもありました。この2つで議論ができ、内容を詰めていくことができれば、その後でパワーポイントに落とし込むのはただの作業になります。

いずれにせよ、たたき台を使って相手の反応を十分に引き出さないと、その次のステップに進んではいけません。

アイデアがないときこそ たたき台の使いどころ

林「確かに、９マスだけでいいなら、作ってみようかなって思えます」

田中「でしょ？　そうすればやり直しも減ると思うよ」

林「でも、それだけじゃダメなんですよ。私、発想力がないから……。田中先輩はいつもいろんなアイデアを提案できるじゃないですか。あれってやっぱり、発想力を鍛えたからできるんですか？　どうやって鍛えるんですか？」

田中「いや、僕には発想力なんてないよ」

林「またまたあ！　謙遜しちゃって」

田中「いや、マジで。自分にはたいしたアイデアがなくても、他人のアタマを借りて、代わりに考えてもらえばいいんだよ。それをするための道具がたたき台だから」

林「えっ、どういうことですか？」

そもそも、**「他人のアイデアが必要になる場＝たたき台が必要になる場」**です。

例えば、社内の業務報告には必要ありませんが、株主に自社の業績を説明する場での資料にはアイデアが必要であり、たたき台も必要になります。

そう考えると、提案書、営業資料、企画書もたたき台の対象です。

さらに広く考えると、赤字が入る議事録や数字を報告する報告書、それを通じて新しく対策を打つ必要があるときや誰かを説得したいときは、たたき台が活躍します。

ただ、「たたき台を作ってきて」というのと、「いいアイデアを持ってきて」というのは同じ意味ではありません。いいアイデアをさっと出せる人は限られていますが、いいたたき台は練習すればあらゆる人が作ることができるものです。

たたき台の段階では、いいアイデアである必要はありません。

たたき台に載せたアイデアがいまいちであっても、そこに何かしらの刺激的な要素があり、そこから生まれた議論を通じてみんなでアイデアを磨き上げていければ、そのアイデアはたたき台として役割を果たしています。

何度も繰り返しますが、たたき台は叩かれてこそ、なんです。すばらしいアイデアが示されて、多くの人を感動させてもしょうがないんです。**叩かれて叩かれて、それを通じて何かを生み出す土台**。それがたたき台の存在価値です。

コンサルタントはたたき台を作るのは上手ですが、コンサルタントがよいアイデアマンかというと、必ずしもそんなことはありません。こんなことを言うと同業者からは叱られそうですが。

一般的にコンサルタントは、自分の専門分野や付き合いの長いクライアントについては何か優れたインサイト（洞察力・観察力）を持っているものですが、初見の業界や企業についてクリエイティブな価値を提供できるコンサルタントはかなり限定的です。

私も慣れない分野において、クリエイティブな価値提供が得意なわけではありませんが、それでもコンサルタントとして活動できているのは、たたき台を使って、さまざまな人たちのアタマを借りてアイデアを集め、磨いていくスキルを持っているからです。**複数のアイデアや視点を混ぜたり、足したり引いたりしてつなげていくと新しいアイデアを生み出せます**。

ゼロイチも創造ですが、既にあるものを「つなげる」ことも創造です。だから、アイデアを自分が持っていなくても何とかなるものなのです。

これを「集合知」と言います。

集合知とは、辞書を引けば「多くの人の知識が蓄積したもの。また、その膨大な知識を分析したり体系化したりして、活用できる形にまとめたもの」とされます。

集合知を生かして、みんなでアイデアを出し合ってよい価値を作り出していけば、アイデアはいくらでも生み出すことができます。そうしたアイデアは一人で生み出す以上にパワーがあるように感じます。

また、集合知は勝手に形成されるものではありません。人のアタマのなかにたまった知は、ただ言葉を交わすだけでは流れていってしまいます。**たたき台を言葉の交換の中心に置き、さまざまな知の交差点でアイデアを磨いていく**ことで、徐々に集合知が結晶化されていくのです。

アイデアを集めやすくなる3つのポイント

林「うっそ。田中先輩、アイデアを自分で1から考えてるんじゃないんですね」

田中「そうだよ。確かに、ぽんぽんとアイデアを生み出す天才肌の人も世のなかにはいるけど、そういう人は少数派だし、そこを目指すのはキツイよね。だから、みんなから集めた意見をもとに足し算したり掛け算したり引き算して、アイデアを練り上げていけばいいわけで。それなら林さんもできるんじゃない？」

林「ハイ、やってみたいです！」

田中「その場合、たたき台の作り方のポイントがあるんだ。新人の頃に教えた5Sは覚えてる？」

林「ハイ、覚えてます」

田中「その5つのSを土台にして、みんなから意見を集めるための3つのポイントがあるんだ」

この章の冒頭でお伝えしたように、アイデアを集めるには「人のアタマ」をうまく使うことが必要になります。

そのための3つのポイントは、**①構造**、**②事実**、**③意見**です。たたき台でこの3つを明確に分けておくと、格段に他人のアタマを借りやすくなります。

①フレーム（構造） 全体の流れを示す

ここまで「フォーマットをパクろう」と述べてきましたが、それはまさにこの構造にあたります。

例えば、自由に詩を書くのは大変ですが、短歌の5・7・5・7・7のフレームを使えば表現しやすくなります。

同様にフレームのパターンをたくさん習得できれば、「今回のプレゼンは20分もあるから、このフレームを使おう」「今回は短縮したバージョンでいこう」と、柔軟に判断し、選択できるようになります。

なお、新人の頃は王道のフレームパターンを1つか2つ覚えればまずは十分です。持っているパターンがゼロであっても、先輩に教えてもらったら自分のなかにフレームがだんだんとたまっていきます。そうすると、そのなかから選択して使えるようになります。

もし、持っているフレームでは適応できないことが出てきたら、先輩に頼ったり、インターネット検索で見つけた資料などを頼りながら、新しいフレームと仲良くなりましょう。**間違っても自分でフレームを生み出そうとしてはいけません。**フレーム・構造には人類の叡智《えいち》が詰まっています。たいがいのフレームは既に発明されているはずで、私たちはそのフレームのなかで、よいコンテンツを生み出すことに集中しましょう。

たたき台をフレームに従って作るべきなのは、相手から反応を引き出すうえで「型」があった方が相手の認知負荷を下げることができ、反応の対象となるコンテンツに相手の意識を集中させることができるからです。

提案書であれば、「これでは相手の課題を示せていないね」「成功例が抜けているよ」「最初に製品の説明がこないほうがいい」などと、問題のある部分がすぐにわかります。

一方、フレームを無視してたたき台を作ると、重要なポイントが入っているかどうかが判断しづらくなってしまいます。結果的に、相手からも反応をもらいづらくなり、たたき台としての意義を果たせなくなるので要注意です。

また、フレームを利用するときには、そのフレームを正確に再現してたたき台を作る必要はありません。ゆるいデザインで充分です。というのは、完成品のような見栄えでたたき台を作ると、その見栄えに騙されやすいからです。**手書きレベルの簡単なたたき台でフレーム（構造）を示すことが重要**なのです。

②事実　事実を明確にする

コンサルティングファームでは、よく「ファクトは？」というコミュニケーションが行われます。相手を説得するためには、ファクト（事実）が武器になります。

ファクトとは、実際にあった事柄、数値やデータなどで示されたもののほか、「お客さんがこう言っていた」「アンケートでこういう結果が出た」なども含まれます。

例えば、こんな商品がある、これが売れている、こういう部分は欠けている、売れている商品は一年前と比べてどうか、などはすべて事実に当てはまります。**事実は正**

確に捉えるのが重要です。

また、若手であるほど経験は少ないものですから、事実も自分の頭のなかにはほとんどないものです。ですから、基本的には誰かに聞くことになります。事実を集めにいくとは、つまりは自分の頭で考えない、「人のアタマ」を借りるのと同じことです。

注意したいのは「まだ、たたき台だから」と、事実を確認せずに書いてしまうことです。それは絶対にやめましょう。適当に作ったたたき台を「これって本当なのか?」と突っ込まれたとき、何も答えられなかったら通る企画も通らなくなります。相手からの信頼も簡単に失います。

また、たたき台に示す事実には自分の解釈は加えません。事実は事実のみとして示します。もし推測したことを入れたい場合は、**推測であることを明確にします。**

③意見　自分の意見を必ず入れる

これは大事なポイントです。

たたき台であっても自分の意見を入れないと、相手からは何も引き出せません。第2章で述べた「スタンスを取る」も「自分の意見を入れる」に近い話です。

ここも難しく考える必要はありません。「ここは3つのポイントにする」「写真をメインにする」「コメントは聞いた言葉そのままを書く」のようなちょっとした工夫でもいいのです。それに対して、**相手が何かしら反応すれば上出来**です。

新人の頃は、遠慮して自分の意見をなかなか入れられないと思います。それでも、経験を積むうちに核心を突いた意見になっていくようになります。

例えば、「このスケジュールで進めると破綻するんじゃないか」といった自分なりの見解があるとします。**その見解はたたき台でぶつけます**。そうすることで「確かにこのスケジュールだとムリだな。見直そう」と検討が進むかもしれませんし、「いやいや、これを使えばなんとかなるんだよ」と上司や専門家が助言をくれるかもしれません。

「このプロジェクトの目的はこれでいいのか？」や「我々はここの課題を取り逃しているのではないか？」など、大きなテーマについて自分の意見をぶつけられるようになれば、さらに仕事の中心部に入り込み、上のステージへいくことができるでしょう。

自分の意見を通せるようになると、社会人力や仕事力が高まっていきます。

田中「林さんの作った資料を見せてもらえるかな」

林「ハイ、これです」

田中「うーん……。確かに、これは、デザインはきれいに作ってあるけど、何も提案してない資料になってるね。うちのサービスの説明と効果だけで5ページも使ってるけど、クライアントが知りたいのは『で、うちの会社に何をしてくれるの？』ってことだし。ユーザー数が減っていることも、3ページに渡って細かく分析する必要はないかもね。ファクトだけしかないと、こういう資料になりがちなんだよね」

林「でもでも、うちが提供できるものがわかれば、あとはクライアント側が『こんなことに使いたい』って考えるんじゃないんですか？」

田中「それならサービスを説明したパンフレットを渡せばいいだけだよね。そ

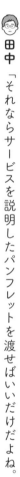

れだけだとうちのサービスを選んでもらえないから、提案書で『あなたの会社に、うちのサービスはこんなにも役に立つんですよ』とアピールしようっていうのが目的なわけで。そのために、どんな構造で、どんな事実を、どんな意見と一緒に伝えるかっていうのが大事だよね。顧客に対しても、上司と話すときにもさ」

林「ううう、確かに……」

田中「でも、そんなに落ち込まなくても、これにフレームとオピニオンを組み合わせればいいんだよ」

林「フレームを組み合わせるって、どういうことですか？」

田中「うちの部署で使ってる提案書のフォーマットがあるでしょ？　あれに沿ってたたき台を作れば、ファクトだけにならないと思うんだよね。解決策の提案のページもあるし、課題を示すページもあるし」

林「なるほど……でも、私、そんなによい解決策のアイデアを思いつけません」

田中「それを上司と話すためのたたき台なんだよ。難しく考えずに、一方で構造と事実と意見を大切に作ってみようよ。叩かれるためのたたき台なんだから」

熱量のないたたき台では相手を動かせない

3つのポイントとは言いましたが、「フレーム」と「事実」と「意見」がただ紙に載っているだけでは残念ながら反応を引き出すことはできません。これらは反応を生み出すための素材です。

反応を生み出すための最後の着火剤、火花になるのはそこに込めた提案者の熱意です。**魂がこもったたたき台は、ぶつけられた相手の強い反応を引き出すことができます**。

新サービスの企画を考えるとしましょう。

「インスタが流行ってるから、同じようなアプリを200万円使ってやりましょうよ！」と提案しても、なぜそのような提案をするのかという理由が明確でなければ、相手を説得することはできません。

また、フレームは整っているものの、提案者の意見が入ってないたたき台では、会議で議論が盛り上がることはありません。意見がない提案では、意見を重ねていくこともできないからです。

みなさんも、企画書を提出した上司から「これはうちの会社向きじゃない」「こんな企画じゃ上に通らないよ」と一蹴された経験はないでしょうか。もちろん、上司や組織が思考停止している可能性もありますが、熱量が伝わらない企画書になっていた可能性もあると思います。相手がさっと目を通して、「こんなんじゃダメ」と言われるのは、「相手を動かす」資料になっていないからです。

AIが出すアイデアはそのままではたたき台にならない、と私が考えるのも同じ理由です。

各種生成系AIサービスに触れたことがある人ならわかると思いますが、（少なくとも現行の）生成系AIが出力してくれるのは「過去に学習したデータを踏まえた最も【それっぽい】もの」であって、アウトプットとして出てくるアイデアや成果物は、言葉でも文章でも画像でも、どこか「それじゃない」感が漂っています。それらを持って上司や同僚のアタマを借りることは難しいでしょう。

AIはあくまで「たたき台のたたき台」生成器であって、自分自身がそこに熱量を込めて「たたき台」として作り上げなくてはいけません。

「熱量」の重要性をお伝えするのは、精神論を持ち込みたいというわけではありません。

しかし、合理性や効率を重視するコンサルタントという仕事であっても、**人の感情に左右される場面**が多々あります。ベテランのコンサルタントが立て板に水のように説明するより、不器用な新人コンサルタントが懸命に説明する姿に、人は心動かされたりするものです。ですので、提案者の熱量も欠かせない要素です。

また、たたき台を出して「まあ、これでいいんじゃない？」と何となく話が進んでいくより、議論を重ねながらアイデアを作り上げていくほうが、新しい発見があったり、予想しなかった展開が生まれたりと、仕事が１００倍おもしろくなるのではないかと思います。

林「熱量かあ……。私、学生時代の部活でも『やる気あるのか？』って先生に怒られることが多くて、熱量が伝わりづらい体質みたいなんです」

田中「体質なのかな、それって」

林「たたき台で自分の本気度を伝えられるなんて、考えてもみませんでした！　じゃあ、赤字で『猫が好きなので、この企画は絶対通したい！』とか書いたら、通るってことですよね」

田中「猫が好き。どこかでこれに近いやりとりをしたような気が……デジャブかな。まあ、いいか。好き嫌いも自分の意見ではあるけど、相手は『はあ……』だけで終わってしまうかもしれないんだよね。肯定か否定に近い意見ほど盛り上がるんだよ」

林「えっ。課長の話はおもしろくないです！　とか？」

田中「それはやめとこうね。課長の心が折れちゃうから」

否定的な意見ほど相手の本音を引き出せる

人は、「誰からも嫌われたくない」と心のどこかで思っているものです。だから、否定的な意見を言うのを避けて、当たり障りのないことだけを言って済ませたりします。ただ、私は**否定的な意見ほど相手の本音を引き出せる**と思います。相手に言いづらいこと、聞きづらいことのなかにこそ、「真実」が隠れているからです。

例えば「このサービスは既に多くの企業で行っているのに、今から差別化を図れるのか?」と、否定的な意見をたたき台に書き込んでおくとどうでしょう。「今さら言うなよ」「何も事情がわかってないクセに」と拒否反応を示す人もいるでしょうが、「まあ、そうなんだよね」と本音を示してくれる人もいるかもしれません。

私自身も、新人の頃に「このシステムって非効率じゃないですか?」と無邪気に異論を唱えたら、上司が嬉しそうにしていたことがあります。どうやら上司も「これって、どうなの？」と薄々感じていたので、議論の俎上に載せられることを喜んだので す。このように、否定的な意見によって本音や真実を引き出すこともできます。

さらに、**新人の立場だから言えること**もあります。経験を積んでくると、「上司は苦労して話を通してたしなあ」「これを否定すると、また一から議論をしなおすことになるから、時間を取られるな」と、ブレーキをかけたくなる材料が山ほど見つかります。

一方、新人は背負っているものが何もないので、無邪気に否定的な意見を言える立場です。新人はクビにならない程度に、頑張って自分の意見を言ってみてほしいです。

林「そっかあ。私はまだまだ新人だから、たたき台でいろんな意見をぶつけられる立場だってことですね。『ランチの後の会議をなぜ入れるのか？　眠くなるだけじゃないか！』とか」

田中「うん……、その気持ちはよくわかる。でも、眠くなるのは黙って話を聞いてるからだろって、高速ツッコミが入ると思うよ？」

林「ううう、何も言い返せないです……」

「自分のアタマ」を整理する4ステップ

林「じゃあ、私はまず、たたき台を作って課長に確認してもらったほうがいいってことですね？」

田中「そうだね。そのほうがここから先の作業時間はかからないと思う」

林「えーっと、その場合、【事実】はうちのサービスの情報と、クライアントのサービスのユーザー数が減っているってことで。あっ、クライアントの同業者がうちのサービスを使ってどうだったのかも【事実】ですよね」

田中「そうそう。成功例として入れるのにいい例だね」

林「あとは、うちのサービスを使えばこんなにいいことがありますよっていうのが【意見】。ユーザーがこれだけ増えますよっていうのも【意見】？」

田中「うーんと、ユーザーがどれだけ増えるかは【推測】であって、その企業で確実に増えることが約束されているわけじゃないよね。『今まで導入した企業で30%アップした』のように、実績に基づいて入れるのはいいと思うけど」

林「希望的観測は入れないほうがいいんですか？」

田中「それが実現できなかったときに、『責任取れ』って言われたら困るでしょ？」

林「えええ〜、事実と推測と意見の違いがよくわかりません。ぴえん」

田中「泣くほどのことじゃないからね（汗）。それは頭のなかで考えてるからごっちゃになるわけで、メモで整理すればいいんだよ」

私はたたき台を作る前に、**まずは自分の頭のなかを整理**します。整理するためには、**考えていることをメモに書き出し、振り分けていく**のです。

最初にこれをやっておかないと迷走しやすくなってしまいます。「どうやってたたき台を作ったらいいか」と考えがまとまらないときも、情報を整理しているうちに糸口が見つかります。

頭を整理するために私が実践しているのは次の4ステップです。

分析的で、いつも頭のなかが整理されている人であればこの作業は必ずしも必要ではありません。でも、ついつい、いろんなことに思考が飛んでしまう人や、考えてい

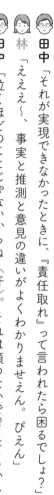

るうちに何を考えていたかがわからなくなってしまう人にはおススメです。

また、ここで整理したものがそのままたき台として機能するケースもあるので、ぜひ一度は試してみてください。

ステップ1 アウトライナー(箇条書きツール)を立ち上げる

普段、自分がよく使うソフトで構いません。ワードでもメモ帳でも秀丸でも、なんならスマホのメモ機能を使ってもいいでしょう。私自身が使っているのは、ダイナリスト(Dynalist)というアプリです。

ステップ2 目的と制約条件を冒頭に書く

まずは、メモの冒頭に「どんな条件で、何を最大化・最小化・最適化したいのか」を書きます。

例えば、「クライアントのサービスのユーザー数を、一カ月で1万人増やす目標を、最小予算で達成する」という具合です。

営業資料のたたき台なら、「使うのは○日後の営業会議、締め切りは水曜、私には○時間ある」と、作ることに対する制約条件を書くのもいいでしょう。

何を最大化したいのか、あるいは最小化したいのか。できる限り高い契約を取りたい、なるべく早く仕上げたい——案件によっていろいろな制約条件や目標があるはずです。その目的や条件を端的にわかりやすく書くようにします。

なぜ冒頭に書き出すかというと、**そのたたき台は何のために作るのかという目的がしばしば見失われがちになる**からです。

たたき台はそれ自体がお金を生むわけではなく、その会社の収益に直結するものでもありません。あらゆる資料作成とは、そういう性質の仕事です。

だからこそ、何のためにやっているのかを忘れて、ムダな作業に時間を費やすことは避けたいものです。そのためには、冒頭で目的をハッキリさせておきます。

過剰にも過小にもならない内容を書いていく、それが整理の大前提です。

また、作っているたたき台は**どのように使われたら100点なのか、何から外れたらいけないのか**を自分の頭にたたき込んでおく必要があります。あらぬ方向へ行ってしまわないように、**自分が何のためにやろうとしているかを言語化することが大事**なのです。

ステップ3 思いつくままに心の声を書く

ステップ2の「目的と制約条件」を書き出したら、その下にそれまでに集まった情報や自分の意見を箇条書きで書いていきます。「何だかなぁ」と感じているぼやきを書いてもOKです。まずは吐き出しましょう。

たたき台の目的は反応を引き出すことなので、私は「相手からこんな反応がもらえたら100点だな」というイメージを常に頭のなかに置いています。

例えば、「提案書の作り方」をテーマにした研修内容を検討するとします。この場合、「研修を受ける人が満足すること」と「提案書を作れるようになること」が100点になります。

そこで、次のようなメモを思いつくままに、順番を気にせずに書いていきます。自分の頭のなかを整理するためのメモなので、内容が重複してもここでは問題ありません。上司がＮＧを出しそうなことであっても、とにかく何でもいいから書き出してみることが大切です。

- 提案書の重要性は全体の2割くらい
- きれいな資料が必要なのは経営会議にかけるとき
- 提案時は内容がわかればOK。見栄えは気にならない
- ありきたり提案や筋が悪い提案をスクリーニングするのが主目的
- 提案書のどこかに優れたインサイト（洞察力・観察力）があればいい
- 「提案書作成、プレゼン、フォローアップ周りでの議論」が4割、スケジュールや金額周りが4割
- 提案書の最適化のための視点
- 前提となる文脈理解
- 提案書の内容検討のときの社内体制と制約
- 提案後、意思決定への関与の可能性
- 原則、順番は「ベネフィット→アドバンテージ→フィーチャー」

ステップ4 構造化する

構造とは、第2章で述べたフレームのことです。

ステップ3で思いつくままに心の声を書いていったら、それを振り分けながらどのようなフレームに当てはめていくのかを考えます。このとき、「空・雨・傘」という考え方を使う方法もあります。

「空を見上げたら曇っているので雨が降りそうだ。傘を持っていこう」と考えたとしましょう。それ自体は自然な考え方ですが、もう少し分解してみます。

1 **空**を見上げたら曇っている　（事実）
2 **雨**が降りそうだ　（推測・解釈）
3 だから**傘**を持って行こう　（行動・解決策）

3つの文の内容はそれぞれ、「事実・推測・行動」に分けられます。このように、**事実と推測と行動は異なるもの**ですが、人はその3つを無意識のうちに混ぜて考えがちです。混ぜて考えていては論理的に構造化することができません。

ですから、たたき台を作る前に集めた情報を、まずは「事実・推測・行動」に分けて整理をする必要があります。

情報が整理できたら、それぞれの「事実・推測・行動」を適切に使って、たたき台のフレームを作っていきます。それには**順序性も重要**です。

例えば、「雨が降りそうだから、曇っている」というのはちょっとヘンですよね。人は事実をもとに推測することができるので、推測の前には事実があります。そして、推測をするから、それに合わせた行動を考えることができます。最初に結論ありきではなく、事実とそれに基づいた可能性の高い推測によって、効果の高い行動を導き出せるのです。

では、ステップ3で書き出したメモを「事実・推測・行動」に振り分けてみましょう。

- 提案書の重要性は全体の2割くらい↓**推測**
- きれいな資料が必要なのは経営会議にかけるとき
- 提案時は内容がわかればOK。見栄えは気にならない↓**推測**
- ありきたり提案や筋が悪い提案をスクリーニングするのが主目的↓**事実**
- 提案書のどこかに優れたインサイト（洞察力・観察力）があればいい↓**推測**
- 「提案書作成、プレゼン、フォローアップ周りでの議論」が4割、スケジュールや金額周りが4割↓**事実**
- 提案書の最適化のための視点↓解決策
- 前提となる文脈理解↓解決策
- 提案書の内容検討のときの社内体制と制約↓**事実**
- 提案後、意思決定への関与の可能性↓**推測**
- 原則、順番は「ベネフィット↓アドバンテージ↓フィーチャー」↓解決策

まだバラバラなので、今度は「事実・推測・解決策」でグループ化していきます。

事実

- ありきたり提案や筋が悪い提案をスクリーニングするのが主目的
- 「提案書作成、プレゼン、フォローアップ周りでの議論」が4割、スケジュールや金額周りが4割
- 提案書の内容検討のときの社内体制と制約

推測

- 提案書の重要性は全体の2割くらい
- きれいな資料が必要なのは経営会議にかけるとき。提案時は内容がわかればOK。見栄えは気にならない
- 提案書のどこかに優れたインサイト（洞察力・観察力）があればいい
- 提案後、意思決定への関与の可能性

解決策

- 提案書の最適化のための視点
- 前提となる文脈理解

● 原則、順番は「ベネフィット↓アドバンテージ↓フィーチャー」

グループ化できると提案書の方向性が固まってきます。それに基づき、フレームも決まっていきます。

構造化ができるようになるにはトレーニングが必要ですが、苦手な人もいるでしょう。

構造化はAIの力に頼ることもできる部分です。ステップ2・3で書き出したら、「この文章を整理して・構造化して」と指示を出し、ステップ4を進めるための初期素材として活用する方法もあります。出てきた素材を相手や条件などに合わせて修正すれば、手早く4つのステップを完結できます。

田中「僕はいつもこのプロセスをもとに、たたき台を作ってるんだ。そうすれば、相手の意見がより出やすくなる気がする」

林「はああ、なるほどぉ」

田中「最初はたたき台をガンガン出して、周りの反応を知ったほうがいい。そうすれば、『こういう意見を出したら、賛成されやすいんだな』と経験則でわかってくる。そうなったら、どう攻めればいいかもわかって思いつきレベルではなくなっていく。たたき台は何度も出すうちに、判断基準のもとが増えていくんだよ」

林「私、その域に達する前にたたき台を作るのをやめちゃったので、また始めます」

田中「それがいいと思う。あとは細かいポイントも教えるね」

構造化の技法——全文章に接続詞をつけてみる

みなさんは接続詞を意識して使っていますか？

コンサルティングファームでは「構造・構造化」という表現をよく使いますが、入社直後は「構造」が何を意味するのか、どうすれば「構造化」できるのかがわからないものです。

そこで、私がコンサルティングファーム1年目のときに先輩に言われたのは、「全部の文章の頭を接続詞から始めろ」ということでした。「しかし」「そして」「だから」などの接続詞のいずれかを、すべての文章の冒頭につけます。さらに、前の段落と次の段落の間にはどんな関係があるのか、その関係性に意識を向け、文脈に適した接続詞をつけるように言われました。

もし、文の冒頭に「しかし」をつけるとしたら、前の文章とは反対の意見が続くはずです。「だから」をつけるのであれば、その文章は理由を述べることになり、「例えば」であれば、その後には具体例が続きます。「例えば」の後に意見を述べることになると、それには違和感があるはずです。「例えば」を入れるのであれば、そのあとには事例が続くのが自然でしょう。**こうして接続詞を意識することで、構造化について判断できるようになっていきます。**

おもしろいことに、人によってよく使う接続詞には違いがあります。

私のこれまでの観察では、「しかし」を使いまくる人、「だから」の人、「例えば」の人のおおよそ3種類に分かれます。

「だから」ばかり考えている人がたたき台を作ってくると、その会議では反論意見が多くなります。「だから」の人は、「だからそうなる」「だからこうなんだ」と結論ありきでたたき台をまとめてしまい、反論を想定していないことが多いからです。その場合は、「しかし」の人から叩いてもらう必要があります。

「例えば」が多い人は、具体例はわかるけれども、「一人のお客さんに対してはそうであっても、それ以外の人は？」などの一般化に弱い傾向があります。

このように、**その人が頻繁に使う接続詞によって思考の偏りがわかります**。

バランスよく、さまざまな接続詞を含んだストーリー・構造にするためには、他人が使う接続詞にも意識を向け、うまく織り込むのがいいでしょう。接続詞を的確に使い分けられるようになると、自分の思考が広がり、構造もぶれなくなります。

ちなみに一番多いのは、接続詞が「ない」人です。接続詞を入れようと思っても文章をつなげられない人は少なくありません。

例えば、「市場規模が2000億円です」と「私たちはやるべきです」という2つの文章の間に接続詞を入れてくださいというと、何を入れたらいいかがわからない人がたくさんいます。「『だから』を入れても、だからやりたいってわけじゃないよなあ」「『だけど』を入れたら否定になるけど、2000億円ってかなり規模があるしなあ」などに気づきます。

どんな接続詞が入ると自分の言いたいことが表現できるのか、そもそも自分の言いたいことは何かを考えることになるので、接続詞を入れるのは実は簡単なことではないのです。

「市場は2000億です」「だから私たちはやるべきです」と言ったときに、なぜ私はそう思うのでしょうか。そこには隠れた理由がないでしょうか。

「我が社は売り上げが厳しいから、この市場に参入するしかない」ということであれば、それは**言語化されていない隠れた前提（hidden assumption）**です。

それに気づくために、無理にでも接続詞を入れてみて、なぜ違和感があるのかを考えて hidden assumption をあぶりだすと、自分が本当に主張したいことが明確になります。

ですから、「どんな接続詞がいいかわからない」と思っても、**まずは思いついた接続詞を入れるようにしてみること**です。接続詞を入れようとすることで、自ら文脈の不自然さに気づいたり、隠れた前提を捉え直したり、ストーリーや構造がより明確になったりします。接続詞を効果的に活用してみてください。

意見が欲しい相手を指名してたたき台を作る

相手から意見をもらいたい場合、**意見が欲しい人は誰であるのかを具体的に指名する方法**もあります。

例えば、たたき台に「開発部はこのスケジュールでＯＫですか？」と、質問を書き込みます。社長に決済をもらう必要があれば、「そのプロセスを把握しているのは○○さんですか？」と書いておくのもいいでしょう。

もっとストレートに「このアイデアで○○さんは問題ないですか？」と、アイデアについてのコメントを求めるのもいいと思います。

たたき台に直接書き込むのをためらうときは、付箋紙を貼ったり、たたき台に別の用紙を添付して「○○さん、確認をお願いします」と指名する方法もあります。

ただ、新人が他者を指名するのはハードルが高いものです。新人はたたき台に書き込むよりも、「○○さんにたたき台を確認してもらいたいんですが、どうしたらいいでしょうか?」と上司や先輩にアドバイスを求めるのがいいでしょう。

田中「あっ、課長に渡すものだったら、『課長に意見をもらいたいです』と書く必要はないからね」

林「いま、それを言おうとしてました……」

田中「意見が欲しい人を指名するのは、『自分はそのことについて知りません』と示すことになるんだよね。特に新人のときは、『ここは悩みました、苦しみました、わかりませんでした』ってことを伝えたほうがいいと思う。提案書なら、『クライアントが何を求めているのか、私の立場ではよくわからないんです』とかね」

林「ハイ」

田中「大きいことを言うなら、『日本を前提に考えているんですけど、世界まで広げて考えてもいいのか悩みました』とか。それをチームでシェアして議論するのは、たたき台のよい使い方になるから」

林「でも、わからないって言ったら、仕事できないヤツって思われませんか?」

田中「そんなことはないよ。自分が何をわかっていて、何をわかっていないのかを理解しているのはすごく大事なことなんだよ。怖いのは、本当は何もわかってないのに、『自分はすべてできている。わかってる』と思い込むこと。そうなると思考停止しちゃうから、それこそ仕事ができないヤツになっちゃうよ」

林「そうなんですか……。じゃあ、これからはどんどん悩んだことやわからないことを伝えます！　毎日、お弁当のメニューで悩んでるんですけど、それも！」

田中「それは自分で考えようね」

アイデアをもらうためのチェックポイント

林「そうだ。たたき台に入れないほうがいい情報ってありますか？」

田中「それはたたき台の段階では決めつけないほうがいいと思う。もし『この情報は入れないほうがいい』って上司に判断されたら、そこで取り下げればいいだけだから」

林「なるほどぉ、そうですね」

田中「基本、パクろうとしている資料で入れてあるものは全部入れたほうがいいよ。会社案内を作るなら、『沿革』『創業年』『資本金』など、どの会社案内にも書いてある情報は必ず入れたほうがいい。たまに、なんで入っているのかがわからない情報を自分の判断で削除する新人さんがいるんだよね。わからなくても、入れておいたほうが絶対にいい」

林「じゃあ、提案書のフォーマットに入っている情報は、一通り入れたほうがいいってことですね」

田中「そういうこと。じゃあ、たたき台を作ってみようか」

私の経験則では、よいたたき台を作れる人は、過去に一緒に仕事をした人のなかでは5%ぐらいしかいませんでした。偉い立場の人だからいいたたき台が作れるわけではないので、ポジションは関係ありません。

ダメなたたき台とは事実や意見がない、会議で話した内容が並んでいるだけ、見栄えはよくても中身が空っぽなものなどを指します。

ただし、誰でも最初からよいたたき台を作れるわけではなく、経験を積むうちにコツをつかめてくるものです。最初は相手から思うような反応をもらえなくても、「自分には向いていない」などと決めつけないで欲しいと思います。

繰り返しますが、よいたたき台＝相手の反応を生み出すものです。

ここまでお話して来た内容をまとめるために、チェックポイントを作りました。それを参考にして、いいたたき台を目指してください。

チェックポイント① 5Sを使っているか

第2章で紹介した5つのSを使ってたたき台の基本を押さえているかを再確認しましょう。

チェックポイント② 自分の意見・熱量が入っているか

これは5つのSの「刺激」に当てはまります。

市場調査の報告書などで「市場規模は〇〇〇億円です」「購買層は30代が中心です」と事実だけを述べて終わってしまうと、相手から「それで?」と言われるでしょう。

事実は必ず自分の意見とセットにします。

「市場規模は〇〇〇億円なので、飽和状態になっています」

「購買層は30代が中心なので、もっと若い層を取り込むべきです」

などと伝えることで初めて「自分だけのたたき台」になります。

チェックポイント③ コアとなる問いが入っているか

これは5つのSの「質問力」になります。

自分のなかで完結していて、開かれた問いが入っていないと、相手の反応も薄くなります。

「私は猫が好きなので、猫カフェを我が社もやりましょう！」と述べるだけでは、その人の個人的な趣味の世界でロジックは完結してしまいます。

「猫カフェを日本に定着させるにはどうすればいいか？」と企画のコアになる問いを入れると、アイデアが発展していきます。

チェックポイント④ 事実、推測、意見が適切に分けられているか

販売戦略のたたき台であれば、「売り上げは年間○億円」「昨年は前年比50％アップ」が【事実】、「まだ市場に求められているはず」「ここが頭打ちかもしれない」が【推測】、「紙媒体でのPRを強化したい」「他社とコラボするのはどうか？」が【意見】です。

それぞれを分けずに「昨年は前年比50％アップしたこともあり、他社とコラボするのを求められているはず」などと混ざってしまうと、「誰がそれを望んでいるの？

そういう意見がどこかで出ているの？」とたたき台を読む側が混乱します。

チェックポイント⑤ 抽象と具体のバランスは適切か

「抽象的な内容」と「具体的な内容」のどちらが良い悪いということではなく、バランスをはかることが重要です。

例えば、戦略を考えるときに「ブルーオーシャンを攻めます」と大枠を示すだけでは抽象に寄りすぎ、「我々の戦略は一日に△△へ○○回、足を運ぶことです」では具体に偏りすぎます。

「抽象」はざっくりしたイメージで語ること、「具体」はデータや数値などの【事実】をもとに語ることですが、**両方がバランスよく入っていると、より説得力が生まれます**。

たたき台を作り慣れていないと、まずは抽象に寄りがちになります。大きなイメージを伝えるのは悪いことではありませんが、核心に迫ることができなければ、具体的な方策をもって前へ進むことができません。そうした状況を避けるには【事実】について調べ、その情報を加えてみると、議論が具体化します。

チェックポイント⑥ 受け手にとってわかりやすい構成になっているか

5つのSの「シンプル」にもつながりますが、**構成については奇をてらわないのが大原則**です。アイデア自体が奇をてらっているのはいいのですが、構成はシンプルにしないと肝心な内容が伝わりづらくなります。

なかには、「たたき台ではちょっと変わったことをやらないといけないのかな」と考える人もいます。例えば、大きな太文字で強調したり、紙芝居方式にしたりする人もいますが、「奇をてらった見せ方」で企画を通すのではなく、内容で判断してもらわないと意味がないので注意しましょう。

チェックポイント⑦ 中身が「空っぽ」になっていないか

新人の頃は中身がないたたき台でも構いません。しかし、ある程度の社会人経験を積んだら自分の意見は持っているでしょうし、日ごろ疑問に思っていることもあるはずです。

たたき台で相手から意見を引き出すには、**何かしら自分の意見をぶつけないと何も返ってきません**。どんなアイデアでも意見でもいいので、たたき台に入れましょう。

たたき台について学んだ林さんは、その後、チェックポイントをもとにたたき台を作って課長に提出しました。

課長からは「ようやく自分のアイデアで提案できたじゃないか」と褒められたそうです。そして課長と議論を重ね、クライアントに出す提案資料の目途がつきました。

「これをクライアントに渡してどんな反応が返ってくるか、楽しみです！」と報告してくれた林さんの笑顔には自信がのぞいていました。

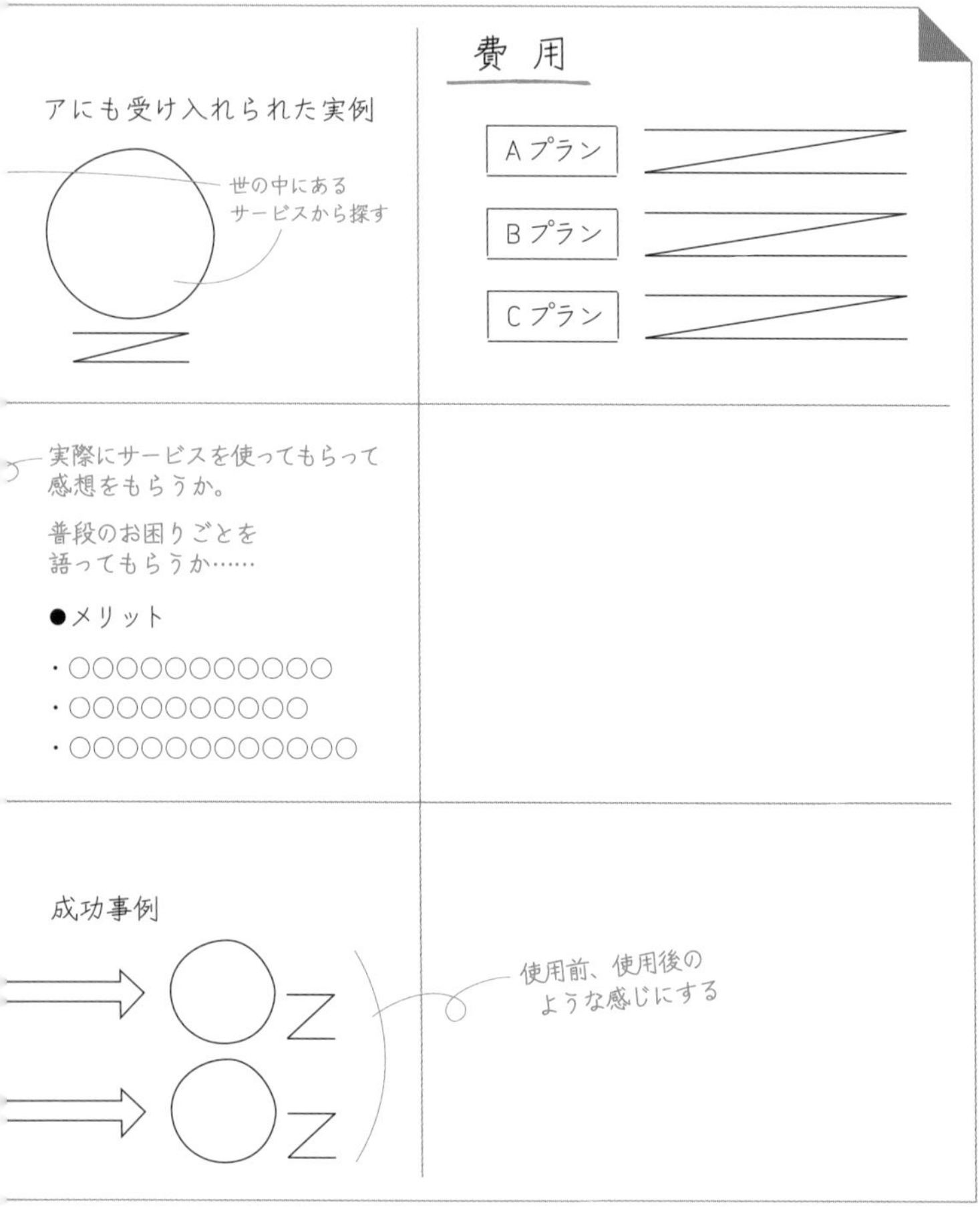
アにも受け入れられた実例
世の中にある
サービスから探す
費用
Aプラン
Bプラン
Cプラン
実際にサービスを使ってもらって
感想をもらうか。
普段のお困りごとを
語ってもらうか……
●メリット
・○○○○○○○○○○○
・○○○○○○○○○○
・○○○○○○○○○○○○
成功事例
使用前、使用後の
ような感じにする

林さんの作ったたたき台

課題の喚起

ユーザー数の減少を食い止める

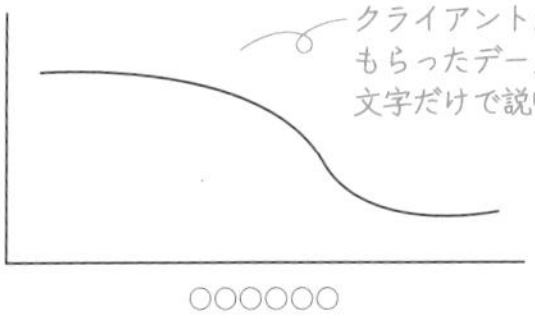

解決策の提案

若者向けのサービスでシニ

※クライアントの
サービスを
そのまま活用
できることを
強調する

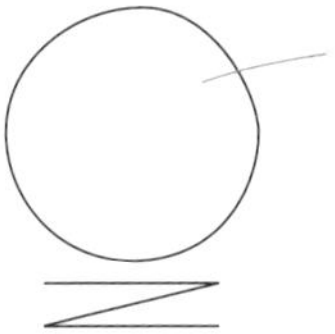

現　状

若者がユーザーの中心になっている

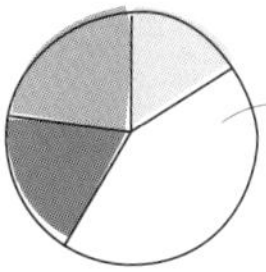

サービスの提案

アクティブシニア層の座談会

●サービス内容

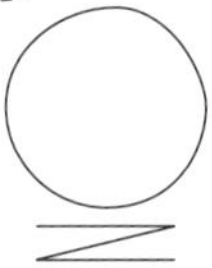

解 決 策

アクティブシニア層のユーザーを
開拓する

ここの内容は検討中。

アクティブシニアの説明にするか、
この層の消費傾向を説明するか……

詳しく説明した方がいい？

成 功 例

アクティブシニアマーケの

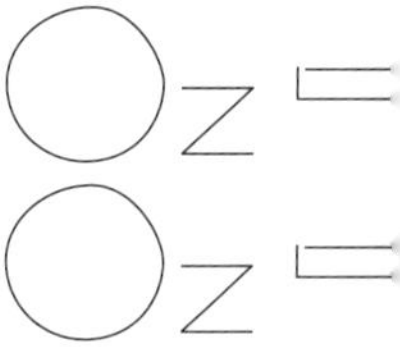

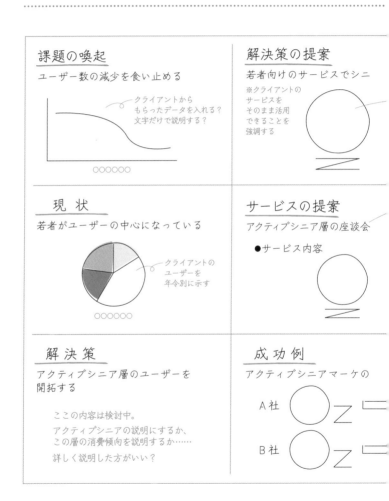

第4章

たたき台で最強チームをつくる

仲良しチームでなくても議論ができれば最強

テレビドラマにもなって大ヒットした池井戸潤氏の人気小説『下町ロケット』をはじめ、チームが失敗を重ねながらだんだんと強くなり、最後に大成功するというのは、誰もが大好きなストーリーです。

コンサルティングファームでもたたき台からスタートさせて、最終的にはチームの仲間と一緒にプロジェクト報告書を作り上げます。

作成プロセスでは「仮説を立てて検証する」ことを繰り返しますが、賛成意見も出れば反対意見も出るので、「このプロジェクト、もうダメなんじゃないか?」と思うぐらいに議論が紛糾することもあります。

それでも、**チームでたたき台をたたけばたたくほど、同じゴールを目指す強い集団がつくり上げられていきます**。主語も「私」から「私たち」に変わり、チーム全体での一体感が生まれるのです。

ただし、チームとしての一体感が生まれるかどうかと、チームのメンバー同士の仲の良さはあまり関係ありません。仲が良くない人同士がチームを組んでバチバチの議論を交わすことで仕事がうまくいくこともあります。

反対に、仲良しグループがなあなあの関係でやっていくうちに崩壊するケースもあります。

スポーツの世界では、「日本人は団体戦になると力を発揮する」とよくいわれますが、一方で「本当は、日本人はチームプレーが苦手なのではないか？」という意見もあります。

団体競技であるサッカーの場合、いいところまでいっても決定力に欠けるのは、選手が個性を奪われて均一化され、圧倒的な力を持ったストライカーが現れないからかもしれません。サッカーでも、日本チームはパスをみんなで回すことを重視しているのに対して、海外のチームはボールを持った人がゴールまでボールを運ぶことが少なくありません。日本は群れになったＷＥであり、海外は個人が集まったＷＥなのかもしれないと思うことがあります。

また、チーム内でのコミュニケーションについても、日本人はとにかく同質性を重んじる傾向があります。コミュニケーションが大事といいながら角を立てることは嫌われます。みんなと同じ意見を持ち、同じことをしないと異質だとはじき出します。そのため、自分の主張を引っ込めたり、波風を立てないように忖度をしたり、同調したりすることを習慣的に身につけてしまっていると思うのです。

哲学者の出口康夫教授は、「良い私もいれば悪い私もいるように、良いＷＥもあれば悪いＷＥもある。例えば外に対しては排外主義、内に向かっては同調圧力といったオーウェルが描いたディストピアは悪いＷＥの典型例だろう」と語っています（『思想』岩波書店、２０２２年７月号）。

残念ながら、日本のＷＥは悪いＷＥになっているのかもしれません。

それを良いＷＥにするためには、たたき台が力を貸してくれます。表面的に仲の良いチームはトラブルが起きたときにあっという間に崩壊します。**たたき台で本気の議論を重ねているチームは、何が起きても動じない強いチームになれるでしょう。**

みなさんにも、たたき台を使って進化し続けるチームをつくっていただきたいと思います。

たたき台で議論が広がらない原因

そもそもの話ですが、鍛冶屋さんが金属を成形するための「台」が、たたき台の語源といわれます。真っ赤に熱した金属を槌で叩いて成形し、硬く切れ味のいい刃物にすることから転じて、**議論を重ねてよいものを作るための試案、原案のことを指す意味**で使われるようになりました。

よい刃物を作るためには職人の技術が重要で、「叩く」ではなく「鍛える」ともいわれます。たたき台は「叩くもの」ではなく、みんなで「鍛えるもの」と捉えるとイメージも変わってくるかもしれません。

ただし、せっかくのたたき台は活発な議論でたたかれなければ役に立ちません。

議論にならない原因は、これまで述べてきたように、たたき台の作り方に問題がある場合もあれば、いいたたき台を出してもチームが無反応な場合もあります。

ここでは、たたき台以外に原因があるのはどんなときかを考えてみます。

原因1 メンバーの上下関係が強い

チームのなかでの上下関係が厳しすぎると忖度の嵐になり、議論は盛り上がりません。

たたき台の良し悪しを判断するのは上司の役目。そうなったら、部下は上司の判断に従うのみです。議論をするのではなく、上司の意見を聞く場となります。

原因2 悪目立ちをしたくない文化が優位

これは若い世代に多いようですが、とにかく目立つのがイヤだという人が増えています。議論の場でちょっとでもズレたことを言って、恥をかくのを避けたがるのです。

こういう人がチームに多いと、お互いの顔色をうかがって「誰かが発言してくれないかな」と、完全に傍観者になってしまいます。

原因3　仕事・組織への無関心

たたき台に対して「それでいいんじゃない」といった適当なコメントが返ってきたり、人格否定のようなコメントが返ってくるなど、全肯定や全否定の反応は無関心の表れです。心からいいと思っているわけではなく、「何に決まっても構わない」というぐらいのスタンスです。

ダメだという理由も「その案が通ると面倒くささそう」というものだったりします。「自分もチームの一員である」という自分事ではなく、チームと自分が離れて他人事になってしまっている状態です。

原因4　ファシリテーターの不在

たたき台をたたき上げていく必要があるのに、「イラストが多すぎると、軽いイメージになるんじゃない？」などと細部ばかりにこだわり、いわゆる「重箱の隅をつつく」議論になる場合があります。

また、「この間、ネットで見たんだけど」とまったく関係のない話になったり、本来の論点とは違うことをダラダラと話すチームも少なくないでしょう。

こうなってしまうのは、おそらく議論に慣れていないチームなのか、ファシリテーター役（話し合いが順調に進行するよう口添えする）の人をきちんと決めていないのが原因です。

原因5 責任を取りたくない

「発言したことには責任を取る」というのは正論ですが、それが行き過ぎると、話し合い時の発言内容を後日取り上げて問題にしたり、トラブルが起きたら犯人捜しをするような空気になります。

そういうチームでは「何も言わないほうが安全」となってしまいます。

原因6 ネガティブ病

多くの組織がこの病に侵されているかもしれません。

たたき台を出すと、「全然ダメだね」「クライアントにこれ、出せるの？」と批判や不満の集中攻撃。

厳しい意見を言うことで相手を鍛えるという目的があるのかもしれませんが、そこに愛がなければ単なるパワハラです。これでは誰もたたき台を出さなくなってしまいます。

みなさんがリーダーの立場であり、自分のチームがこれらの原因に1つでも当てはまっているなら、すぐに改善すべきです。

まだチームを率先して変えられる立場にない場合は、まずは自分だけでも議論に積極的に参加するようにしてみてください。少しでも場の雰囲気が変われば、周りも感化されていくと思います。

たたき台を生かす ファシリテートの技法

たたき台を作った人はチームのみんなに意見を言ってもらう立場ではありますが、上司やファシリテーターにすべて任せるのではなく、自分が議論の主導権を握るように意識しましょう。

「いま、他社ではこういうサービスが増えています。だから、この路線で、うちでできることを考えてみました」

「ミーティングのときの意見とは違うんですけど、リサーチしてみたらこうなりました」

このように、**まずは自分がなぜそのたたき台を作ったのか、検討の理由やプロセスをみんなに伝える**ことが大切です。

なかなかみんなから意見が出ないときは、「ここで迷ってたんですけど、どうですか?」

と自分から意見を求めたり、「ここはいいアイデアが思い浮かばなくて……なんかないですか？」と5つのSの「質問力」を発揮できるといいですね。

みんなが意見を言い始めたら、「そのアイデア、おもしろいですね！」「それは思いつかなかったな」と肯定したり感謝を伝えると、より活発に意見を出してもらえるようになります。

ネガティブな意見が出てきても焦ることはありません。「確かに、ここはちょっと弱かったですかね」などと、部分的にでも相手の意見を受け止めます。

「叩かれているのは自分ではなく、たたき台」です。この呪文を繰り返し心のなかで唱えましょう。自分が責められているわけではないことは忘れないでください。

もし全否定する人がいたら、「今日は機嫌が悪いのかもしれない」と思ってそっと聞き流すのも方法です。ネガティブな意見を言われるのはつらいですが、「批判された」と思うのではなく「批判を引き出した」と思いましょう。相手から意見を引き出せたなら、そのたたき台は成功しています。

人は「生み出す」よりも「批判する」ほうが簡単です。そもそも批判したがる生き物です。批判を引き出せたら、「では、どうすればいいでしょうか？」と次の議論に結び付けることもできます。どんなに厳しい意見であっても、「ご意見、ありがとうございます」とお礼を伝えておけばいいのです。

自分のアイデアがそのまま通れば嬉しいかもしれませんが、**たたき台はそこからもっとおもしろいアイデアに変えていくことが本筋です**。ですから、変化する過程で多少の痛みが伴います。

たたき台を作った人も、周囲の意見を聞いているうちに別のアイデアを思いつくことがあります。そうやって互いに刺激し合えたら、会議は大成功。たたき台ワークはうまくいったことになります。

リーダーの立場の人は、たたき台を作った人をサポートするファシリテーターに徹しましょう。リーダーが批判的な意見を言うと、チームのみんなが批判的な意見ばかりを言う可能性が高くなります。それでは次にたたき台を作る人がいなくなってしまいます。リーダーはよほどのことがない限り、ネガティブな意見を言うのはＮＧです。反対に、たたき台を褒めるのは効果的です。些細なことでもいいので、よい点を見つけて褒めたほうがチームのメンバーのモチベーションも上がります。

ただし、ファシリテーターとしては内容についての個人的な意見はなるべく控えて、みんなの意見をまとめることを忘れないようにします。


そして、**リーダーは自らが望むゴールに強引に導かないこと**です。

強引に結論づけると、メンバーは「結局はリーダーの意見しか通らないんだな」と思い、たたき台を出すモチベーションが下がります。

会議を、立場の強い人や優秀な人の意見しか通らない場にしてはいけません。

リーダーは個々のアイデアに優劣はつけず、「どんなアイデアも尊い」という考えを態度で示すようにしましょう。


ファシリテーターとしての進め方がわからないときは、プロに頼むのも1つの方法です。一〜二時間のお試しでいいので、プロのファシリテーターに実際に会議を進行してもらうと、進め方やコツのヒントがたくさん得られます。社内のファシリテーター（または会議進行がうまい人）を探して、会議に参加してもらうのもいいでしょう。

たたき台で議論を起こす仕掛け

議論が盛り上がるかどうかはファシリテーター次第です。ファシリテーターはみんなが適度にリラックスして会議に臨めるよう、**難しい顔をしない、笑顔を見せる**など、雰囲気づくりも心がけてください。

また、たたき台を作った人も、リーダーの立場の人も、みんなが議論したくなるような仕掛けを作ってみましょう。

最初に宣言する（難易度★）

これは誰にでもできる簡単な方法です。会議の冒頭で、「今日はこのテーマで話し合います」と目的を明確にします。

ホワイトボードなどにもテーマを書いて、議論が横道にそれても戻って来られるようにしましょう。

毎回ルールを確認する（難易度★）

どのようなルールをつくればいいのかは後述します。

ルールは毎回、会議の冒頭で確認しましょう。自由に発言してもらいたいときは「ここはどんな意見でも構わないので、まずは発言してください」と促します。毎回、口頭で伝えることで参加者の意識に刷り込まれていきます。

上下関係が強いチームでは、上の立場の人や権限を持っている人に、誰もが発言していい場であることを理解してもらいます。なぜか「自分は偉い」と思っている人に限って、自分はルールを守らなくてもいいと勝手に決めている節があります。

「個人攻撃をしてはいけない」というルールがあっても、「○○くんはさあ、いつもたたき台の作り方が粗いよね」と人の心をえぐるようなことを平気で言う人が一定数います。

ですから、「立場に関係なく、ルールはみんなが守る」という原則を、毎回必ず確認するといいでしょう。

●フラットな場にする（難易度★★）

誰もが自由に発言できるような雰囲気がないと、議論を深められません。

そのためには、名前の呼び捨てや役職や肩書きをつけて呼ぶのを控えます。会議の時間だけでも呼び方に差をつけることなくフラットな場をつくります。

ときには、熱くなりすぎて失礼な発言をする人もいるかもしれません。それでも、後々まで根に持たないラグビーのノーサイド（戦いや争いが終わったのち、互いの健闘をたたえ合うこと）の精神でいきましょう。

上司の立場にある人は、議論の場で多少失礼なことを言われても人事評価には結び付けないようにお願いします。

●ファーストペンギン役を演じる（難易度★★★）

なかなか意見が出ないときは、空気を読まずに口火を切る人が必要です。

誰も意見を言わない時間が長くなればなるほど、みんなが話しにくくなっていきます。そんなときは、たたき台を作った人がファーストペンギン役を演じてみるのもいいでしょう。

例えば、たたき台を作る段階でボツにしたアイデアを出して、「こういう案もどうかと思ったんですけど」と、敢えてみんなが拒否反応を示すような話題を持ち出してみます。「いや、それはないでしょ」「絶対に無理」とダメ出しがあると、その場の空気が変わります。会議の場がプチ炎上でもしてくれたら、第一段階としては成功です。

それでも単発花火で終わってしまったのなら、「じゃあ、この案はどうですかね」と水を向けます。そうすれば、「悪くはないんだけど、なんかピンとこない」などと少しずつ意見が出るようになります。

この方法は、仕掛けと気づかれない演技力が必要です。また、周囲から「こいつは何もわかっていない」と誤解される可能性があるので、難易度が高い方法です。それでも、わかってくれる人とは仲間になれるでしょう。

交通整理をする（難易度★★）

ファシリテーターはときに交通整理もしなければなりません。

議論では、たたき台について純粋に意見を言う人もいれば、たたき台を出した人に対して悪い感情を抱いて攻撃をする人もいます。後者の場合、理性と感情を切り分けるのがファシリテーターの役目です。

感情的になっている人には、「○○さんから見て、ここはいいと思える部分はありますか？」と、敢えていい面に目を向けさせる方法もあります。

くれぐれも「それって、あなたの感想ですよね？」と煽らないようにしてください。プチ炎上ねらいだとしても、後々しこりが残りそうな方法はやめておきましょう。

また、出てきた意見の【事実】と【推測】を分けることも重要です。原因と結果も混在させないようにします。「Aが起きたからBになった」という関係性が逆転しないように注意しましょう。

対立軸を可視化する（難易度★★★）

対立といってもケンカをさせるわけではありません。会議を進行するときは、たたき台に沿って展開させるか、たたき台に反発して軌道修正を促すか、大きく2つに分かれます。

何と何に差があって議論しているのかがわからない、どういう前提がすれ違っているのかがわからないなど、ただ意見を言い合っているだけでは議論は行き詰ります。

そこで、「いま、開発部はスケジュールを懸念していて、営業部は販売チャンスを逃したくないってことを重視してるんですね」のように対立軸を示します。

そうすると、「どちらの意見を優先させるか」「それとも、どちらも満足できる方法はあるのか」と、議論が次へ進めます。ホワイトボードなどを使って課題や疑問を可視化すると論点が整理しやすくなり、話し合いは盛り上がります。

つながりを作ってガイドする（難易度★★）

私はこの方法を「補助線を引く」と呼んでいます。

みなさんも数学で教わったと思いますが、補助線とは与えられた図形にはないけれども証明のために便宜的に描き加える線のことです。つまり、会議でみんながバラバラのことを話しているように見えても、わずかな共通点があれば、その点と点をつなげて見えない線を引きます。

「AさんとBさんは、ここの部分で同じことを言ってますね」「みなさんは違うことを言っているようで、実はここの点は共通してますね」などと議論を整理します。同じ意見が出ていることを指摘すると、それだけで連帯感が増す効果があります。

また、「先ほどのCさんの発言は、いまの議論と関連がありますか？」とガイドをすると、相手の頭のなかが整理されることもあります。「この間の会議で出ていたDさんの意見と、このたたき台のアイデアは、ちょっと重なるかもしれません」のように、過去の話と結び付けるのもいいでしょう。

代替案を出してもらう（難易度★）

たたき台に対して「うーん、これはどうかな」と否定する意見ばかりが出ると、場の雰囲気はギスギスしていきます。

そこで、否定的な発言をした人には、すかさず「他にアイデアはありませんか？」と代案を求めます。

ただ、これをルール化すると「何も意見を言わない石像」と化す人が増えるので、ファシリテーターが心のなかでこっそり決めておくだけでいいかもしれません。

代案を促しても最初のうちは答えられない人が多いと思います。でも、続けていくことで徐々にみんなが自分の考えを用意してから発言するようになっていきます。

根回しをする（難易度★）

会議で急にたたき台を出して「さあ、たたいてください！」と言っても、意見がすぐに出てこないこともあるでしょう。

そういうことが予想されるときは、事前にたたき台をチームのみんなに渡しておきます。

「明日の会議では、このたたき台について、みなさんから意見をいただきたいんです」と伝えておけば、一人一人が自分の意見を準備して会議に臨むでしょう。

たたき台を作る人は、上司に「こういう感じのたたき台を出そうと思ってます」と事前に相談しておくだけでも、議論しやすい雰囲気をつくることができます。

メンバーにたたき台を見せるときは、「○○課長には事前に相談したんですけど……」と前置きをしてから話し始めると、みんなも無視できないと思います。

ただ叩くのではなく「叩き上げる」ためのルール

カーネギーメロン大学のアニタ・ウイリアムズ・ウーリー氏が行った「集団的知性」を計測する実験があります。

集団的知性とは、「たくさんの人の知性を集めると、より優れた知性が生まれる」という考え方です。第3章でお話しした「集合知」と同じ意味です。

この実験以前には、能力の高い人が一人いるチームは生産性が高いと思われていました。

ところが実験の結果、個人の頭のよさや能力の高さは、チーム全体の成績には影響しないということがわかりました。むしろ「社会的感受性」の高い人がいるグループのほうが、生産性が高いという結果が出たのです。

特に優れたグループでは、**メンバー全員が同じぐらいの割合で発言**していました。一部の人が一方的に話すチームの生産性は低かったそうです。

なお、社会的感受性とは「他者の感情を顔色から読み取る力」です。協調性を重んじ、忖度がうまい日本人にとってこれは朗報です。これを生かしながら議論をすれば、最強のチームになれるのではないでしょうか。

この実験結果は、たたき台を活用して目指したいチームの姿そのものです。もし、たたき台で活発に議論できないときは、この実験の話をチームのみんなに伝えてみてください。立場が強くて一方的に話を進めるリーダーにやんわりと釘を刺す効果もあります。

昨今注目されている「心理的安全性」も、この実験から導き出されました。心理的安全性とは、組織のなかで自分の考えや気持ちを誰に対しても安心して発言できる状態のことです。誰が何を言っても拒絶されたり罰せられたりせず、自分の弱い部分もさらけ出せるような場に心理的安全性はあるといわれます。

グーグル社は２０１２年から約４年をかけて、生産性の高いチームの条件を調査する「プロジェクトアリストテレス」を実施しました。このプロジェクトで心理的安全性のあるチームは意思決定が向上し、チャレンジが増えて生産性が高くなるとわかったのです。

たたき台で議論する場は、心理的安全性をつくるための絶好の場です。そのためにも、ぜひたたき台ワークをチームで実践してみてください。

議論をするときにルールを設けるように、**心理的安全性をつくるためにもルールがあるといい**と思います。例えば次のようなものです。

- たたき台を批判しても人格は攻撃しない
- 「全然ダメ」「全部やり直し」のような全否定をしない
- 「無理だ」「イヤだ」「ムダだ」などのネガティブワードを連発しない
- 重箱の隅をつつかない
- 皮肉や当て擦りをしない

ルールがNGに関するものだけでは場の雰囲気が重くなることもあります。その場合はOKルールも入れましょう。

- たたき台のどこか1つでいいので、褒めてみよう
- 一人一回は発言してみよう
- ズレている発言でも大丈夫
- 会議が終わればノーサイドの精神をモットーに

一人一回ずつ発言したとして、そのすべての発言が採用できるレベルではないかもしれません。むしろ使えない意見がたくさん集まる可能性もあります。

それでも、そのなかから優れた意見が1つでも出れば上出来です。それが優れた意見なのか使えない意見なのかは、発言してもらわなければわかりません。**発言してもらうことに、まずは意味がある**のです。

また、チームの年齢構成や過去のバックグラウンドによって、必要とするルールは変わります。自分のチームの状況に合わせてルールをアレンジしましょう。みんなが議論に慣れてきたら、ルールを外していくのもいいと思います。

たたき台を作った人に敬意を払う

私が関わっているある企業で、チームを率いる課長さんに「ドラフトを作った人が一番すばらしいと、とにかく一日一回言いましょう！」と提案しました。

すると、それだけでドラフトの質も議論の質もすごくよくなりました。たたき台の作成方法や活用方法を習得する前に、**まずはカルチャーづくりから**、ということです。

リーダーのみなさんもぜひ、「たたき台を作った人が一番すばらしい」と伝えるようにしてみてください。みんながたたき台を出しやすくなることが何より大切です。日々の声かけを通して、アイデアが次々と集まってくるようになると思います。

また、チームで共有してほしいのは、

「**たたき台のアイデアの完成度＝能力や人間性の完成度ではない**」

という点です。

これも心理的安全性を高めるための大事なポイントです。

若手社員がたたき台をうまく作れないのも、すぐれたアイデアを出せないのも当たり前。それをサポートしながら成長させるのが周りの人の役割です。

たたき台を作るプロセスは、入社1年目であっても5年目であっても同じです。

一発目のたたき台に含まれるアイデアのクオリティは、若手は0点に近いかもしれませんが、それをみんなの力で100点に近づけていくのがたたき台ワークの醍醐味です。

私は以前、非常に雰囲気の悪いチームのファシリテーターをしたことがあります。

そのチームのメンバーたちは、誰もがやる気があって、能力も高いプロフェッショナルばかりでした。やる気も能力もあるのは一見聞こえがいいのですが、全員プライドが高く、会議では「オレはこう思う！」「私はこう思う！」と自己主張ばかり。互いに譲ることをしない、まとまりのないチームでした。

私はファシリテーターとして、議論のなかで補助線を引いたり、話を整理することに徹しました。

チームの雰囲気が悪くても、ちょっとしたことで空気は変わります。雰囲気の悪い場であっても、議論の方向性を整理したり、つなげたり、重ねたりすれば参加者の意識を変えることはできます。ですから、せっかく「チーム」があるならば、**チームを活用することを諦めない**ことです。

一人が1つアイデアを出すとしたら、二人なら2つしか出ません。

しかし、**チームの人数が増えればアイデアも増えます**。それらのアイデアをたたき上げれば、少人数で考えるよりもずっとアイデアは進化させられます。

結成したばかりのチームであれば、まずはアイデアの質よりも量を重視します。量が増えれば、質も自ずと高まっていきます。

そして、リーダーは自らたたき台を作って、部下にしっかりたたかれてみましょう。その姿をみんなに見せることで、一人一人がたたき台を出しやすくなるのです。

第5章

たたき台は世界を変える、仕事を変える

「走りながら考える」が世界の標準になっていく

数年前から「デザイン思考」という言葉がビジネスの現場でよく使われるようになりました。

デザイン思考とは、**デザイナーやクリエイターがアイデアを考えるときの思考プロセスを生かして、課題解決を図るための思考法**のことです。デザイン思考はアメリカのデザインスクールで教えられ、世界に広まっていきました。

デザインスクールといっても、スケッチブックに向かってデッサンをするような美術の学校ばかりではありません。デザインには「設計・計画」という意味もあり、新しいビジネスを構築したり、課題を解決するための画期的な方法をレクチャーしてくれる学校でもあります。

ダイソンの創業者ジェームズ・ダイソンや、Airbnbの共同創業者もデザインスクールの出身です。ダイソンのあの画期的なサイクロン掃除機が生み出されたのはデザイン思考があったからかもしれません。

欧米のトップ企業では、経営幹部をデザインスクールに送り込むケースが増えています。時代はＭＢＡ（経営学修士）からＭＦＡ（美術学修士）に移ったと主張する専門家もいます。

デザインスクールが欧米で注目を集めるようになったのは、ビジネススクールで学ぶことだけでは限界があるとみんなが気づき始めたからです。

ビジネススクールはＭＢＡを取得できるスクールですが、そこでは論理的な思考法や解決法を中心に学びます。例えば、ＳＷＯＴ分析で自社の強みや弱みを分析したり、ＭＥＣＥというフレームワークを使って「もれなく、ダブりなく」情報を集めようと学びます。

そういったフレームワークを使うと、新製品を作るときに「あなたは白と黒のどちらが好きですか？」「白が好きな人はその理由を次の項目から選んでください」のようなアンケートを作ったりします。

そして、「白が好きな人が多いから、この製品は白がいい」というデータをもとに結論を導き出します。データがあると説得力が増すので、企画会議でも「それなら白にしよう」と通りやすくなります。

しかし、その方法では他社でもフレームワークを使って同じようにアンケートを取り、同じような結論を導き出すことができてしまいます。

ビジネススクールで学ぶことが「枠（フレーム）」に当てはめて考える方法であるのに対して、**デザイン思考は「枠の外」にあるものを見つけようとする**思考です。

世のなかには「白でも黒でもなく、グレーが好き」という人もいれば、「白が好きだけど、その理由は昔好きだった人が白い服をよく着ていたから」といった、決められた項目では答えられない感情もたくさんあります。

それらをすくい取ることで、より人間らしいデザインを考えるのがデザイン思考の目指すところです。

デザイン思考は主に5つのプロセスで進めます。

①観察・共感

②定義

③概念化
④試作
⑤テスト

本書はデザイン思考の本ではないので、詳細は省きます。デザイン思考に関する書籍は数多く出版されているので、興味のある人はぜひ読んでみてください。

注目したいのは、**④の試作、つまりプロトタイプを作るプロセス**です。

デザイン思考では、何十時間も悩んでいるぐらいなら、とにかくプロトタイプを作ってみることが重要視されます。プロトタイプはパラパラ漫画的なものであっても、ティッシュケースを使った工作レベルのものでもいいのです。

頭のなかだけで考えるよりも、形にしてみたほうが多くの気づきを得られます。

そして、そのプロトタイプを周りの人に見てもらいます。形あるものを見てもらうことで、「こんな機能もあったらいいんじゃない？」「もっとコンパクトにできそうだね」と、建設的な意見をもらうことができます。

このように、**考えながら手を動かし、人の意見を集めながら、いままでにない製品やサービスを作りあげていくことができるのがプロトタイプの効果**です。

データや数値を集めて論理的に考えることから始めるのもいいですが、考え方がわからなかったり、課題を整理しきれなかったりと難しさが先に立ち、なかなか先へ進めないまま足踏みをしてしまうのはもったいないことです。

結論や正解が定まっていなくても、まずは手を動かしてみると、それまでには思いつかなかった「枠外」の発想を探りやすくなります。

ＡＩに「真のたたき台」は作れない

コンサルティングファームや外資系の企業では、「クイック・アンド・ダーティ（Quick and Dirty）」という言葉がよく使われます。

これは「**完成度は低くていいから、とにかく速く**」という意味です。熟考して完璧な資料を作るより、ある程度形になった段階で見せたほうが認識のズレがあってもすぐに修正できて、より効率的だというメッセージです。

近年、資料を3秒くらいで作れるサイトがあります。ＡＩで作成するのですが、キーワードを打ち込むとそれっぽい30～40ページの資料を一瞬で作ることができます。

画像生成ＡＩや文章生成ＡＩが開発され、「イラストレーターやデザイナーの仕事が奪われるのでは？」「論文も作成できてしまう」と、話題にのぼるようになりました。

そんな話を聞くと、「そういうサイトを利用すれば、たたき台も簡単にできるのでは？」と思うかもしれませんが、たたき台はそういうものではありません。

「たたき台」とは、それを作る以前に、**関わる他者からの反応を引き出すために、彼らのモチベーションや望んでいることを理解できているかどうか**が重要です。たたき台を見せながら、「なぜ、このページにはこういうことを入れてあるの？」「なぜ、この項目は3ページに渡って説明しなきゃいけないの？」などの質問に答えられるようにしておかなければ議論は進みません。

自分の頭のなかを整理し、相手が望んでいるものを形にするのがたたき台です。キーワードを打ち込めば解決するような単純なものではないのです。

AIで「たたき台もどき」の初期案を作ることができますが、それは構成だけ整ったものであり、作った人の【意見】や【事実】は含まれていません。

そこには**【熱意】**や**【刺激】**もありません。

AIで作っても、「それっぽいもの」に留まってしまうのです。それでは、議論に発展しづらいでしょう。

確かに、初期案は優れたアイデアの種にはなるでしょう。でも、相手の反応を引き出すよいたたき台かといわれると、話はまったく別です。

たたき台は、**他者の意見を入れることで最初には思いもよらなかったアイデアに発展させていけるからこそおもしろく、価値がある**のです。

もちろん完成品の段階でも他者の意見は入れられますが、その段階で大きく広がっていくのは難しいものです。完成されていると、微調整レベルの意見しか出なかったり、あるいは最初から全部やり直しになったり、極端な状況になりがちです。

誰が見ても未完成のたたき台であれば、他者はどんな意見も出しやすくなります。そのぶん、多くの意見が集まってアイデアが広がりやすいのです。

たたき台には、他者の意見を交えていくおもしろさや、予想外のアイデアを生み出すおもしろさがあります。

たたき台の使い方は三手一組で

たたき台を使うときのキーワードは「三手一組（さんてひとくみ）」です。

三手一組とは、将棋などのボードゲームに出てくるコンセプトで、「自分が打って、相手がこう打ったら、自分はこう打とう」と、三手先まで読んで指すという意味です。将棋棋士の羽生善治先生は、ビジネス系のカンファレンスに登壇される際、よくこの「三手一組」のお話しをされます。将棋においては基本的なコンセプトですが、この思考法がビジネスの場でも有効だろうと、直感的に感じていらっしゃるのでしょう。

自分がここに打つと、相手はこう返してくるだろうな、だとしたらそれを見越して自分はここに指そう。このような一組を考えて打つようになると、棋士としてレベルが上がるわけです。

最終的に自分が指したい手があるので、そのためには相手にこういう手を指してもらわないといけない。相手を誘発するためにはこうしないといけない。**相手の出方まで考えて、一手を考えなくてはなりません**。

たたき台も同じで、「これをぶつけたら、相手はどのように反応するのか」を考えたうえで作っていきます。

三手一組の自分の三手目の100点について考え、そのための相手側の手の100点を考え、自分のたたき台を作っていくわけです。

これを繰り返していくと、自分の行動目標はどんどん達成されていきます。

この効果を利用して、相手を怒らせたり戸惑わせたりすることで本音を引き出すたたき台の使い方もあります。私はコンサルティングファームにいたとき、敢えて炎上をねらってたたき台を作ったことがありました。

「これを読んだら、あの上司は怒るだろうな」と相手の反応を読み、怒らせるような内容をわざとたたき台に入れて会議に出します。

すると上司は、「なんでこんな情報が入っているの?」とねらい通りに反応してくれるので、私は意見を述べます。すると「いや、そうじゃなくてさ」と反論してくるので、議論がヒートアップしていきます。

周りもその議論を見ながら「こんな方向性にすればいいんじゃない？」などと提案してくれるので、みんなでさらに活発に意見を出し合うことになります。そうやってたたき台を元にアイデアが膨らんでいくと、**三手目で100点を取ることができる**のです。

ですから、私はいつも「さあ、どうぞたたいてください」という気持ちでたたき台を出していました。

それで上司との仲が険悪になることはありません。お互いに仕事で必要だから議論しているとわかっているので、会議室の外まで持ち越さないのです。

また、相手のアイデアがイマイチな場合に、たたき台で軌道修正することもあります。

いったんは相手の要望通りの方向性でたたき台を作ります。さらに、自分がいいと思うアイデアでもたたき台を作り、まずは相手の希望通りのたたき台を渡します。

そのときに、「指示通りにたたき台を作ってみたんですけれど、これだとB社のサービスと似ているように感じまして。これでいいんでしょうか？」と伝えます。すると、相手は「まあ、確かに」と気づいてくれる確率が高くなります。

その後、自分の作ったたたき台を「例えば、こんなサービスならよさそうな気がするんですけど」と差し出せば、相手も受け入れてくれることが多いのです。

こういう場合に**真っ向から相手のアイデアを否定してしまうと、それがたとえ正論であっても、相手は受け入れづらくなります**。

自分のたたき台だけ出しても、「こういうのは求めてないから、指示通りに作ってみて」と却下される可能性大です。

ですから、まずは相手の指示通りにたたき台を作ります。それを本人に確認してもらってから、自分のアイデアをぶつけるという順番で進めると、自分が望んでいた三手一組を得られます。

たたき台は心理戦でもあります。たたき台の使い方のコツがわかってくると、自分が望む通りの結果を手に入れられるようになります。ぜひ試してみてください。

上級者はホワイトボードで「即興たたき台」を作る

私が新卒1年目のとき、「毎日、思ったことを8枚ぐらいの紙にまとめて持ってきなさい」と命じた上司がいました。

プロジェクトに使えるかもしれない日々のリサーチやクライアントとのコミュニケーション、気づいたファクトを何かしらのフォーマットでまとめて提出するように、というのです。

当時、やるべき仕事が山積みで「そんなことをする時間は全然ないよ」と内心思いましたが、実際にやってみるとその効果を感じることができました。

新人はクライアントの状況をまだよく理解していないものです。ですから、なぜいま進行中のプロジェクトが必要なのかもわかっていません。**毎日レポートにして持っていくと、そうした新人の理解不足が上司にはよくわかるのです。**

「田中、おまえは全然わかってないな」と言って、私は何度も上司のレクチャーを受けることになりました。

また、レポート内容がいいときは上司がプロジェクトに引き込んでくれることもありました。こうした体験を通して、自分が紙にまとめて差し出すと、相手は反応し、情報を引き出せるのだと実感しました。

それからは、頼まれないうちからたたき台を作って持っていき、自分が欲しい反応を相手から引き出すようになりました。

優秀なコンサルタントは、会議の場で非常に速く反応します。クライアントが「ゆくゆくは新規事業を立ち上げたいんですよね」といった場合、相手を待たすことはしません。

「新規事業をやりたいということは、2年後はどうなっていたいんですか?」「今まではどんな事業を手掛けてきましたか?」などと、すぐに反応して質問します。

そして、聞き出したことをホワイトボードにスラスラと書き出していきます。

ホワイトボードを使うときにはコツがあります。【事実】と【構成(フレーム)】と

【意見】をうまく整理しながら、ヒアリングした内容をホワイトボード上で発展させていくのです。聞き出した情報は単に記録するのではなく、「この事業の市場は現在このような状況になっているので、新規参入するのは難しいかもしれませんね」といった自分なりの意見も加えます。

すると、数十分後には「こんな新規事業がいいんじゃないか」と方向性が定まってきます。クライアントはスマホでホワイトボードを撮影しながら、「いいですね、社内で検討します」と議論の内容を持ち帰ることができます。

このときの**ホワイトボードもいわば「たたき台」**です。ホワイトボードを使って巧みに相手から意見を引き出し、課題を可視化して、互いにアイデアを出し合うことができます。そして何より、ホワイトボードは準備が要りません。こうしたたたき台で新しい案件を瞬時に受注してしまうのがスーパー優秀なコンサルタントです。

私自身はまだそこまでの域に達していませんが、いずれホワイトボードでみんなの意見を引き出しながら、たたき台を作れるレベルになりたいものです。

「明日の自分」へのたたき台を用意する

私は、あらゆることを「たたき台」に当てはめて考えるのが好きです。

例えば、「今日の自分」と「明日の自分」は、別の人間だと考えています。そこで、一日の仕事を終えるとき、明日の自分へのたたき台を用意してから終わりにします。何をするかというと、「今日の自分」が考えていることをざっと書き出して、「明日の自分」に見てもらうのです。

一晩おいて、翌朝にもう一度眺めてみると**客観的に見ることができ、問題点や改善点を見つけやすくなります**。翌朝だからこそ、「うーん、なんか違うな」と違和感が生まれることがありますが、それがねらいです。翌日の自分が、昨日の自分にダメ出しをしているような感じです。

また、私は自分の会社案内も一度作ったら終わりではなく、定期的に作り直しています。最初の頃は、他社の会社案内をたくさん調べて「こういう要素があるといいんだ」と学び、自社資料を埋めていました。創業してからの歩み、背景、大事にしていること、実績、事例など、多くのことを盛り込み、もれがないように気をつけていました。

資料を使ってプレゼンをすると、クライアントからさまざまな反応が集まってきます。そうして、「創業の歩みはもう語る必要がないな」と感じれば省き、「冒頭からサービス紹介が必要だ」と思えば構成を入れ換え、徐々に資料は変化していきました。はじめは事例や画像を多く載せていましたが、「そもそも、ビジュアルが大事な事例をそんなに手掛けてないな」と気づくと、事例を列挙する資料に変えました。

このように、**あらゆる資料が私にとっては常に進化し続ける「永遠のたたき台」**になります。

よりよくするためにはバージョンアップを繰り返し、クオリティを高め続けながら、自分自身も少しずつ進化できるように心がけています。

おわりに

私は本を読むとき、「はじめに」を読み、その後すぐに「おわりに」を読みます。それぞれには著者の思想や文体が素直に表れている気がしていて、この2つを読んで「なんか、合うな」と思った本は、本編ももれなく自分にフィットするのです。

同じような読み方をするみなさん、こんにちは。よいですよね、この読み方。本編をもう読まれたみなさんも、こんにちは。いかがだったでしょうか。少しでもためになればよいのですが。

本書は、私が外資系コンサルティングファームやスタートアップにおいて実践してきた「たたき台」を活用した仕事術について書いた本です。よくある「たたき台」に求められる要素への誤解、本来必要な要素・5Sや、たたき台を作るためのステップ、プロセス、それを活用したコミュニケーションのコツなどを扱いました。

以前、京都国際マンガミュージアムで開催されていた「大乙嫁語り展」を訪れました。展示されていた原画はもちろんすばらしかったのですが、著者 森薫先生からのメッセージに心打たれました。

マンガを書き始めたばかりのご自身に向かって、メッセージがあればお願いします。

- 完璧主義の罠に気をつける、ゴミから始める勇気。
- 前回よりも少しでもよい原稿をあげ続けること、極論すればそれがすべて。

（一部抜粋）

私が、本書の最後に伝えたいこともほぼこの2つです。

- 本書で書かれるような「たたき台」を初手から作ろうとするな、ゴミのような「たたき台」を作ることから始める勇気を持て。
- 前回依頼されたときよりも、よい「たたき台」を作れるようにしよう。あるいは、前回依頼したときよりも、よいたたき台を作ってもらうように依頼しよう。

大型書店の経営・ビジネスの棚に行くと、一面に「○○思考」「○○のコツ」「○○の仕事術」を謳う本があふれています。

アマゾンで「ビジネス実用」のカテゴリーをひらくと、4万冊以上の本が並びます。そのなかで、真に自分の仕事に変化をもたらしてくれるような本は、どれほどあるのでしょうか。

もし読後に「よし、これをやってみようか！」というひらめきや行動へと読者を誘わないとしたら、そのビジネス書の価値とはどこにあるのだろうか。そんな思いを念頭に置きつつ、私は本書を書いてきました。

正直、どこまでみなさんに「たたき台」というツールがもたらす仕事へのインパクトとその魅力をお伝えできたのか、自信がありません。もっと優れた事業家や仕事人が「いやいや違うんだ、たたき台というのはね……」と書いてくれることを期待している自分もいます。もしそうなったら、本書は、よりよいアイデアを生む「たたき台」として機能したということですから。

たたき台との向き合い方に悩む若手・中堅の方へ。まずはゴミから始める勇気を持ちましょう。そして次回には、それよりも優れたたたき台を作りあげましょう。

たたき台について「いやいや違うんだ、本当に大事なのはね……」というご意見をお持ちの専門家・プロフェッショナルの方。ぜひどこかでその知見を公開してください。

世界中の誰かが思考と行動を進めるとき、本書が「たたき台」になることを願っています。

最後になりましたが、本書の企画・編集に携わってくださったみなさんに感謝を申し上げます。本書をたたき台にして、また次にもっとよい書籍を世に出していきましょう。

2023年6月　田中 志

田中 志

（たなか・のぞみ）

Cobe Associe 代表。一橋大学大学院経済学研究科修士課程修了後、ボストンコンサルティンググループ（BCG）に入社。2015 年にヘルスケア領域の社内アワードを受賞。その後、博報堂グループのスタートアップスタジオ・quantum、デジタルヘルススタートアップ・エンブレースの執行役員を経て、2018 年に大企業の新規事業やスタートアップ支援を行うCobe Associeを創業。2019 年度神戸市データサイエンティストとしても勤務、新規事業やデータ活用、ヘルスケア領域に関する講演も実施。著書に『情報を活用して、思考と行動を進化させる』（クロスメディア・パブリッシング）がある。

【著者エージェント】

アップルシード・エージェンシー

https://www.appleseed.co.jp/

仕事がデキる人の
たたき台のキホン

発行日　2023年7月20日（初版）
2024年1月9日（第4刷）

著者	田中 志
編集	株式会社アルク出版編集部
編集協力	大畠利恵
装丁デザイン	金井久幸（TwoThree）
本文デザイン	藤 星夏（TwoThree）
DTP	TwoThree
イラスト	梶浦ゆみこ
印刷・製本	シナノ印刷株式会社
発行者	天野智之
発行所	株式会社アルク 〒102-0073 東京都千代田区九段北4-2-6　市ヶ谷ビル
Website	https://www.alc.co.jp/

落丁本、乱丁本は弊社にてお取り替えいたしております。
Webお問い合わせフォームにてご連絡ください。
https://www.alc.co.jp/inquiry/

PC：7023003　ISBN：978-4-7574-3992-4